Vivir y sentir como El Principito

Vivir y sentir como como El Principito

Stéphane Garnier

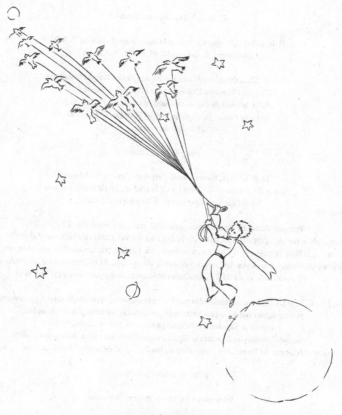

Montena

El papel utilizado para la impresión de este libro ha sido fabricado a partir de madera
procedente de bosques y plantaciones gestionadas con los más altos estándares ambientales,
garantizando una explotación de los recursos sostenible con el medio ambiente y beneficiosa para las personas.

Penguin
Random House
Grupo Editorial

Vivir y sentir como *El Principito*

Título original: *Agir et penser comme Le Petit Prince*

Primera edición en España: junio, 2021
Primera edición en México: agosto, 2024

D. R. © 2021, Stéphane Garnier

D. R. © 2021, Penguin Random House Grupo Editorial, S. A. U.
Travessera de Gràcia, 47-49, 08021, Barcelona

D. R. © 2024, derechos de edición mundiales en lengua castellana:
Penguin Random House Grupo Editorial, S. A. de C. V.
Blvd. Miguel de Cervantes Saavedra núm. 301, 1er piso,
colonia Granada, alcaldía Miguel Hidalgo, C. P. 11520,
Ciudad de México

penguinlibros.com

D. R. © 2021, Gema Moral Bartolomé, por la traducción
Citas de *El Principito* extraídas de la traducción de Publicaciones
y Ediciones Salamandra, de Bonifacio del Carril.

ISBN: 978-607-384-789-6

Impreso en México – *Printed in Mexico*

ÍNDICE

A GALOU Y SANOU,
MIS QUERIDOS PRINCIPITOS

DEDICATORIA

Pues ofrecer un libro es un acto de amor...
Esta obra es tuya,
la ocasión tal vez de entregar
un mensaje, de ofrecerlo a una persona querida.
Pues un mensaje personal
vale mucho más que la dedicatoria de un autor.

Dedico este libro a

_____

Porque...

_____
_____
_____
_____
_____
_____

PREFACIO

*E*xisten numerosos estudios que han puesto de relieve una lectura entre líneas de la obra. El deseo de descifrar ciertos símbolos o sentidos ocultos que quisiera introducir Saint-Exupéry en su libro tiene sentido, y permite una lectura diferente del texto.

Por mi parte, he querido centrarme en el propio principito, en sus palabras, sus dudas, los valores y los sueños que transmite, las ideas que proyecta.

Lo esencial no es lo que se puede comprender en un texto, sino lo que se quiere comprender de él.

El principito encarna una manera de enfocar la vida distinta a la que podemos tener nosotros.

Más allá del autor, he querido centrarme en el personaje, desentrañar lo que le motiva, lo que le inspira en la vida, para descubrir cómo ese muchachito, ese mago, nos ha emocionado, conmovido, seducido, fascinado y hecho soñar a todos nosotros en un momento u otro, sea cual sea la edad, la cultura o el idioma.

Finalmente, al hilo de esta relectura, que no repetía desde hace mucho tiempo, acabé por adoptar sus pensamientos. Solo me quedaba adaptarlos a mi vida y eso es lo que les propongo aquí.

¿En qué somos todos nosotros una parte de ese principito que, en ocasiones, todos tendemos a olvidar?

ANTES DE COMENZAR ESTA OBRA...

Anota aquí todos los sueños, ansias y deseos que tenías de niño... cuando pensabas en tu vida futura.

Sin mentir, sin pasar por alto el anhelo más sincero que hayas sentido, recuerda cuál era tu mayor deseo entonces.

¡Aunque hoy te parezca irrealizable!

_____

_____

_____

_____

_____

_____

SOBRE UNA NUBE

«Todas las personas grandes
han sido niños antes,
pero pocas
lo recuerdan».

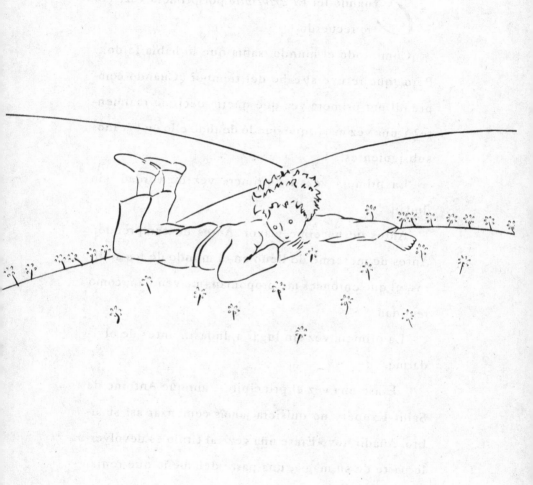

¿*C*uándo leí *El Principito* por primera vez? No lo recuerdo.

Como todo el mundo, sabía que lo había leído... Pero ¿qué retuve al cabo del tiempo? ¿Cuándo comprendí por primera vez qué quería decirme realmente? Y una vez más, ¿qué quedó de todo ello en los años subsiguientes?

La primera vez. La primera vez de verdad, sin dudar.

Antes de hacerme mayor. Antes de comprender. Antes de meterme de lleno en el mundo de los adultos, el que entonces me proponían, me vendían, como realidad.

La primera vez sin lugar a dudas... antes de olvidarme.

«Érase una vez el principito», aunque Antoine de Saint-Exupéry no quisiera jamás comenzar así su libro. Añadir hoy «Érase una vez» al título es devolverle parte de su magia, una parte del sueño que teníamos todos los niños. Y seguir creyendo que la magia existe de verdad.

El Principito es mucho más que un libro. Más allá de su éxito en todo el mundo —traducido a 300 idiomas y dialectos—, queda esa pequeña parte de nosotros, de nuestra infancia, que ha cristalizado. Esa parte que a veces hemos decidido desterrar al rincón más lejano de nuestra existencia con el transcurso de los años, para tomar a grandes zancadas el camino de los adultos en cuanto se presenta la ocasión.

El camino que se ha de seguir para convertirse en adulto, pero, sobre todo, el camino del que se hace cada vez más difícil apartarse a medida que avanzamos.

Al principio, cuando damos los primeros pasos en nuestra infancia, el camino lo bordean árboles, flores, pájaros y campos. Después, a lo largo del camino y avanzando en edad, muros bajos empiezan a jalonar las proximidades, después, más lejos, algunos setos cuya altura no cesa de crecer.

No obstante, el camino de los adultos debía seguirse, era imposible dar media vuelta, imposible apartarse de él, imposible dar marcha atrás en un momento dado. Debía seguirse, adelante sin parar.

Después de los muros bajos, empiezan a aflorar al borde del camino barreras y empalizadas hechas de travesaños de madera, antes de que se edifiquen los primeros muros, piedra sobre piedra, cubiertos de hiedra, después ladrillo sobre ladrillo, cada vez a mayor altura.

Son tan altos que, pasada cierta hora, al sol empieza a costarle asomarse para iluminarnos, para calentarnos. Y con los muros, su envergadura, nacen las sombras, cada vez más grandes, que se proyectan contra las fachadas.

Cuanto más hemos avanzado sin tener elección, más nos alejamos de la historia y de la magia del mundo de nuestra infancia.

Entonces se vuelve todo cuadrado, cuantificado, cartesiano, lógico, real, concreto, palpable, demostrable. Todo ha tenido que cobrar sentido sobre un tablero de ajedrez, en medio de cajas para embalar, para llenar, para mover.

En este punto, llegada la edad adulta, tan solo reina la visión inmutable de santo Tomás, que entonces no deja de repetir: «Solo creo en lo que veo».

La magia ha dejado de funcionar.

Es todo lo contrario al mundo del principito, a lo que todos hemos vivido durante nuestra infancia, creando historias, mundos imaginarios, monstruos, dioses, reyes, reinas, continentes por conquistar, para embellecer nuestro mundo infantil todos los días, para que se vuelva magnífico, más espléndido y brillante a nuestros ojos.

El Principito sigue siendo hoy en día el vestigio del niño que fuimos todos en otro tiempo. Su verdad profunda, antes de que los años empezaran a amontonarse.

El Principito sigue siendo en este instante, al releerlo, la piedra filosofal capaz de hablarle al niño que fui ayer.

Esa piedra filosofal capaz, si lo deseo, de transformar de nuevo mi visión del mundo, de la vida. Una piedra mágica que actúa sobre mi espíritu, a fin de transformar esos altos muros grises que se apretujan al borde del camino de la vida adulta, para hacer de ellos encajes en hilo de oro, para que la luz los vuelva a traspasar, para que en cada voluta dorada se reflejen su luz y su calor, para volver a calentar, en el centro de este camino de la vida, el resto de los años por venir.

El oro no se encierra en un cofre para que pierda el brillo, el oro se siembra, se recolecta, y *El Principito* sigue hoy ahí para que ninguno de nosotros lo olvide.

¿Somos capaces de volver a encontrar al niño que dormita aún en cada uno de nosotros?

De ser así, ¿cómo hacerlo?

¿Y si el principito te abriera su cuaderno de viaje interior... para retomar el camino y reencontrar esa mirada infantil en un mundo que, en ocasiones, se sume en la locura?

Y MI PRINCIPITO ME DICE:

*«Se ha de tener un ego
desmesurado para saber seguir siendo
un niño...
o quererse a uno mismo,
simplemente».*

¿MIRAR EL MUNDO
DE OTRA MANERA?

COMO EL PRINCIPITO

«¡La Tierra no es un planeta cualquiera!».

*E*ntre dos batallas, arrojándonos castañas unos a otros en la plaza del ayuntamiento de mi pueblo, Beynost, siendo yo pequeño, mientras el cura nos imprecaba para obligarnos a entrar en la casa parroquial a dar la clase de catequesis, me asaltaban mil y una preguntas, como a todos los niños.

Una de ellas me llevaba especialmente de cabeza.

Después de repasar por enésima vez el Antiguo Testamento y el testamento prohibido, el futuro Nuevo Testamento, llegó la hora de retomar la batalla, sonó el timbre del final de la clase y todos mis compañeros salieron. Fingiendo ordenar mis cosas, me giré entonces hacia el cura antes de salir para preguntarle: «Si Dios lo ha creado todo, ¿creó el mundo entero?».

«Sí», me respondió el buen cura.

«¿Y todo el universo también?».

«Sí», me respondió el buen cura.

«Pero... Después del universo... ¿Qué hay?», le pregunté.

Él vaciló, luego guardó silencio. Aún hoy espero una respuesta que no acaba de llegar.

Vivir y sentir como El Principito es ante todo cambiar la forma de mirar el mundo, las personas, las cosas que nos rodean.

Vivir y sentir como El Principito es aceptar que todo lo que hemos aprendido al crecer es, en el mejor de los casos, una verdad a medias, cuando no falso.

Todos los seres humanos tenemos el mismo defecto: creer, al acumular años de vida, que crecemos tanto en estatura como en entendimiento.

Eso es verdad en el caso de los conceptos y los conocimientos creados y desarrollados por el ser humano, pero es falso en lo que se refiere a la comprensión del mundo en su totalidad.

Ese conocimiento sensitivo, sensible, innato, que en realidad perdemos por el camino al crecer, en parte y a veces por completo.

Con los centímetros ganados durante nuestro crecimiento, creemos acercarnos a las alturas del saber, del cielo y las estrellas de la sabiduría, cuando en realidad no hacemos más que alejarnos de la Tierra, sin llegar jamás a alcanzarlas.

He aquí lo que entre otros mensajes nos recuerda *El Principito*: a medida que nos hacemos mayores, la sabiduría y el conocimiento que creemos haber adquirido no logran llenar ni reemplazar la magia del mundo tal como la percibe un niño, una belleza rara que en ese momento se nos escapa.

Como en *El Principito*, la mayor parte de los niños no ve más que bueno o malo, blanco o negro, risa o llanto... Mientras que después, todo se presta a la duda, la confusión y el compromiso.

Todo en el mundo de los adultos se convierte entonces en una paleta de tonalidades de gris. Nos acostumbramos... Más o menos bien, pero...

¿Tan envidiable es no distinguir ya lo que está bien de lo que está mal? ¿Poder explicarlo todo, racionalizarlo, disculparlo, comprenderlo, tolerarlo, incluso también lo peor?

Si bien existen matices necesarios y aceptables, es obvio que los matices de nuestra vida, ya sea en el terreno humano, político, amoroso, profesional, ecológico o personal, suelen tener un color cambiante.

Ya no se trata de tonos azulados en torno a lo aceptable, sino que los matices de nuestra vida se visten de un café verduzco. Es ese color de la podredumbre, del moho, cuando los hongos empiezan a brotar sobre los sentimientos sinceros y las más honestas convicciones.

Es el color de la indecisión y de la inercia, de los adultos que, a fuerza de dudar, prefieren enterrar la cabeza en la arena y vivir en la negación.

Ya no hay entonces más color rosa, ni puestas de sol, ni agua clara en medio del desierto como en *El Principito*, pues las flores se han marchitado, el agua se ha corrompido e inmensas nubes grises se han amontonado para quedarse inmóviles frente al astro luminoso.

Y si...

¿Y si hiciéramos el esfuerzo de observar de nuevo el mundo como el principito?

¿Qué veríamos? ¿Cuál sería el resultado?

Quizá tengamos miedo de lanzar de nuevo esa mirada infantil sobre lo que hemos construido. Quizá temamos ver todas las cosas efímeras e inútiles que hemos acumulado y comprado, todas las cosas por las que nos hemos peleado en detrimento de lo que verdaderamente considerábamos importante... En otra época... Que sin embargo no fue hace tanto tiempo.

Es tan fácil refugiarse en el estatus de adulto, de «persona que sabe», de persona con experiencia..., para evitar tener que ponerse los lentes de niño..., para no tener que recordar los sueños que teníamos, las personas que realmente nos importaban.

Es tan fácil convencerse de que uno sabe, cuando se han llegado a olvidar las evidencias de lo que constituye la felicidad en la mirada de un niño.

Y si...

¿Quién se atreverá, por un instante, a darse la vuelta para observar el camino recorrido con esa mirada risueña?

Quizá la carga no sea tan terrible, y los errores cometidos tengan poca importancia.

Si conseguimos mirar nuestro pasado con esa mirada infantil, ¿no tenemos todo que ganar para el futuro? ¿Para decidir mañana con el corazón, de una manera más sencilla?

Si tienes hijos, haz una simple prueba: cuéntales una anécdota de tu vida, un momento en el que tuviste que tomar una decisión importante, un cambio de trabajo, una mudanza... Y pregúntales qué habrían hecho en tu lugar.

Es muy posible que empiecen a sopesar los pros y los contras, y te formulen unas cuantas preguntas sencillísimas. Preguntas que no harán más que plantear las consecuencias de esas elecciones sobre su bienestar personal, sin otro elemento o argumento de interacción en su decisión.

Es incluso muy probable que te planteen preguntas que a ti mismo no se te ocurrieron, por su simplicidad, en el momento de decidir. Lo evidente salta a veces a la vista cuando brota de la boca de un niño.

Las decisiones racionales, sopesadas, maduras no son siempre la decisión correcta, pues omiten voluntariamente en la ecuación la parte sensible, sentida, la curva del camino del alma propia de cada uno, la que solo la mirada de un niño puede percibir.

CUADERNO DE VIAJE

«Y volver a ponerse los lentes de niño
para observar el mundo, comprender
y tomar las decisiones correctas».

Y MI PRINCIPITO ME DICE:

«Al enfrentarnos a la vida,
todos somos principiantes, aprendices.
Quien piense que no lo es, más lo será
en realidad».

¿SER DECIDIDO Y RESUELTO?

COMO EL PRINCIPITO

*T*erco, tenaz, el principito no deja de insistir cuando no consigue lo que quiere, como el dibujo de un cordero o una respuesta a su pregunta.

Insiste hasta obtenerlo, hasta saber. No desiste jamás, sea cual sea el tema, como con el farolero o el hombre de negocios. Aunque las respuestas no le sirvan, lo dejen perplejo, o le parezcan inútiles, al final sabe. La respuesta la tendrá o no en cuenta, pero una cosa es segura: seguirá su camino después de haber obtenido lo que desea.

Más allá de la curiosidad, es una forma de búsqueda. Y el principito no tiene intención de renunciar a sus deseos ni a su necesidad de respuesta, hasta que los obtenga.

Resuelto a saber, resuelto a comprender, resuelto a lograr lo que desea, actuando de esa manera, el principito nos enseña cómo pasa a la acción, una práctica que todos podemos adoptar: mostrarse resuelto a... hasta conseguirlo.

Parece sencillo. ¿Basta simplemente con insistir para conseguir lo que se desea?

Piensas quizá...

Sí, a veces es así de sencillo.

Suponiendo que sepamos qué deseamos exactamente... Escucha al principito:

—*Por favor... dibújame un cordero...*

[...]

Yo dibujaba.

Mi amigo sonrió amablemente, con indulgencia:

—*¿Ves?... no es un cordero, es un carnero. Tiene cuernos...*

Rehíce, pues, otra vez mi dibujo. Pero lo rechazó como los anteriores:

—*Este es demasiado viejo. Quiero un cordero que viva mucho tiempo.*

Entonces, impaciente, como tenía prisa por comenzar a desmontar mi motor, garabateé este dibujo. Y le solté:

—*Esta es la caja. El cordero que quieres está dentro.*

Quedé verdaderamente sorprendido al ver iluminarse el rostro de mi joven juez:

—*¡Es exactamente como lo quería!*[1]

1. Capítulo II.

En este fragmento, el principito no quiere sola-
mente que le dibujen un cordero, sabe con total exactitud el cordero que desea.

El aviador lo dibujará entonces tantas veces como
sea necesario para acercarse lo más posible al deseo
del principito.

En ese momento ocurre un fenómeno extraño,
pues aunque está muy inquieto y ocupado preguntán-
dose cómo podrá reparar su avión para partir, se somete a la voluntad del niño rubio que sabe exactamente
el cordero que quiere conseguir con el fin de poder
llevárselo a su planeta.

Lo que pide en realidad es que su sueño se cum-
pla a la altura de su imaginación, no a la altura del
mundo real y de las posibilidades que se le ofrecen a
través del aviador. Lo pide con todo el poder y la des-
mesura de lo que logra concebir y de lo que le gusta.

¿Sabemos nosotros realmente lo que nos gusta, con
toda exactitud, como el principito?

¿Como cuando éramos niños? ¿Como al hacer nuestra lista de regalos para Navidad?

¿Somos capaces, como él, de ser tan precisos con nuestros deseos y no contentarnos con otra cosa?

La simplicidad de su petición infantil pone de manifiesto, en realidad, un auténtico poder: el de la fuerza tranquila que se burla del tiempo.

Una fuerza tranquila, sin agresividad, pero imperturbable en su voluntad, sus convicciones y su tesón al seguir pidiendo.

Una fuerza que tiene todo el tiempo del mundo. Una fuerza a la que uno acaba viéndose obligado a someterse, para no tener que soportarla durante más tiempo.

Los padres que leen esto saben de lo que hablo, cuando recuerdan ciertas situaciones en las que sus hijos han hecho gala de una terquedad tal que no les ha quedado más remedio que ceder.

No es necesario enojarse ni vociferar para conseguir..., solo mantenerse firme en lo que se quiere, sin cambiarlo.

Curiosa lección de lo cotidiano la que nos da el principito aquí, cuando en ocasiones nos decimos, para pasar lo más deprisa posible a otra cosa: «¡Oh! ¡Así ya servirá!».

¿Cómo podemos estar satisfechos del resultado, de lo que obtenemos, si nuestras exigencias no son del todo claras, y además no nos ceñimos a ellas, en lo que se refiere a nosotros, nuestros deseos y nuestros gustos?

Ser tan resuelto y decidido como el principito en todo lo que hacemos, ¿no sería finalmente más fácil para hacer que nuestros proyectos avanzaran más deprisa y progresar en la vida?

Es simple, tan simple, casi infantil..., como insistir, firmemente, para al final, sin apartarse ni un segundo de tu objetivo, acabar por alcanzarlo.

CUADERNO DE VIAJE

«Sé decidido, sin apartarte jamás de tus deseos, de tu camino».

Y MI PRINCIPITO ME DICE:

«Cuando no vienes de ninguna parte todas las esperanzas están permitidas».

¿SABER ABSTRAERSE DE LA REALIDAD?

COMO EL PRINCIPITO

*E*l principito no pertenece al mundo del aviador, procede de otro planeta.

Por tanto, puede ignorar las reglas que rigen en nuestro mundo. Tiene capacidad para abstraerse de la realidad que lo rodea.

¿Te acuerdas de los mundos imaginarios que todos nosotros podíamos crear de niños, con castillos, coches, muñecas, cajas de cartón, cordeles? Universos enteros que se alzaban piedra sobre piedra, cuando yo jugaba con mi hermana, como tantos otros niños. Mundos que funcionaban según nuestras apetencias, siguiendo nuestras reglas. Reglas que no dudábamos jamás en cuestionar, por necesidades de la historia que íbamos desarrollando y que cobraba vida ante nuestros ojos. El poder de la imaginación que teníamos entonces, cuando no había nada prohibido, cuando todo era posible y nosotros éramos los únicos que dictábamos las reglas de esos universos, tan reales a pesar de todo, no tenía límites.

Todos hemos conocido esa sensación de poder en esa época. Entonces éramos maestros..., mucho más que ahora, pensándolo bien. Éramos como el principito, capaces de abstraernos del mundo, de sus imposiciones, de sus realidades subjetivas.

Y si...

¿Y si volviéramos a ser tan imaginativos, tan creativos como el principito?

¿No has pensado nunca que los mundos que creamos a veces de niños se hicieron realidad? Existían con toda su fuerza en ese momento, invisibles pero presentes en algún lugar... ¿No se convertían en parte de otra realidad? Todos hemos oído hablar de mundos paralelos, de agujeros de gusano, de la curvatura espacial, de la escala de tiempo acumulado... ¿Y si... en el momento en que, con total sinceridad, hacíamos que se encontraran el príncipe y la princesa, en el momento en que nuestro ejército lograba liberar una plaza controlada por las fuerzas del mal, todo eso cobraba vida?

La fuerza del principito está en entrever esa posibilidad como una realidad.

La fuerza que teníamos de niños estaba en poder abstraernos del mundo que nos rodeaba para recrear otro mejor, a imagen de nuestros mayores anhelos.

¿Qué se ha hecho entonces de ese superpoder creador que desarrollamos con tanta agilidad entonces,
para moldear la curva del recorrido del mundo, igual
que la de nuestra vida incipiente, todo ello a la misma
escala?

Por mi parte veo una simple diferencia semántica,
cuando ese poder que teníamos ayer y las consecuencias que tuvo en la imaginación de nuestra infancia se
traduce hoy en día por «poder de proyección».

Si, como cuando éramos pequeños, somos capaces
de proyectarnos en la vida soñada que deseamos, entonces, a fuerza de proyectarnos, esa visión cambiará
el curso de la realidad para ponerla al servicio de nuestros deseos, hasta crear una nueva realidad a imagen
de lo que hemos soñado que es mejor para nosotros.

Ser capaz, como el principito, de abstraerse del
mundo es ser capaz de crear otro, hecho a nuestra medida.

No hay nada fijo en el continuo de la vida, todo es
voluntad, sueños e inflexiones que hemos podido proyectar en él, de forma que en un momento dado, las

más bellas imágenes de nuestra imaginación se convierten en las fotografías del mundo real que nos rodea y de la vida que tenemos.

CUADERNO DE VIAJE

«Saber abstraerse del mundo
es construir el tuyo propio».

Y MI PRINCIPITO ME DICE:

«Sé un ángel…
solo para saber volar».

¿DISTINGUIR LO URGENTE DE LO IMPORTANTE?

COMO EL PRINCIPITO

*S*i las palabras «procrastinación» y «prioritario» se han convertido en dos términos y temas muy de moda en los últimos años, en todos los ámbitos de la vida, tanto profesionales como personales, no cabe duda de que esos pilares del desarrollo individual los intuyó Antoine de Saint-Exupéry en unas pocas frases.

No dejar para mañana, y saber distinguir lo urgente de lo importante en nuestras tareas cotidianas. ¿Qué podría ser más fácil de decir o escribir...?, pero ¿y hacerlo? ¿Somos siempre capaces?

Cuando el principito nos advierte que tengamos cuidado con la proliferación de baobabs en nuestro pequeño planeta, nos indica directamente no descuidar lo que es la fuente misma de nuestra supervivencia, no de nuestros placeres.

Los placeres, lo inútil y todo lo que ocupa nuestro tiempo de vida, robando tanto espacio, y a lo que otorgamos tanta importancia por añadidura, nos dificulta al final distinguir lo que es placentero, necesario, divertido, vital o útil para nosotros.

De niño, una de mis primeras tareas cuando iba a la carpintería con mi padre consistía en cambiar los sacos de serrín y de virutas que había detrás del cepillo, de la sierra de cinta, de la lijadora y de otras máquinas enormes, a medida que se llenaban. Eran sacos grandes como hombres, tubos enormes más altos que yo, a los había que atar por arriba para que no se derramaran, y que tenía que rodear con ambos brazos para trasladarlos al exterior y almacenarlos bajo el cobertizo.

Trabajo de aprendiz, de manos pequeñas, arduo, físico, sobre todo a aquella edad. Y, no obstante, tarea imprescindible para el buen funcionamiento del taller. Si los sacos estaban llenos, las máquinas hacían una parada de «seguridad» y ya no se podía cortar ni ensamblar un solo trozo de madera.

Lo urgente era fabricar muebles, accesorios, estanterías y cocinas para los clientes, a fin de que la empresa sobreviviera. Pero lo importante era velar por que ese mobiliario pudiera fabricarse y, para ello, era preciso, entre otras cosas, que las máquinas funcionaran. Se trataba de un mero eslabón de la cadena, pero a la edad que tenía yo entonces, la tarea era importante: que las máquinas funcionaran, que los sacos aspiraran, que las esteras estuvieran limpias de todo resto de madera, para que los carpinteros y ebanistas pudieran trabajar, y los montadores pudieran ir a instalar aquellas pequeñas obras de arte en casa de los clientes.

Siendo un niño, yo tenía entonces mi lugar en ese entorno, participando de lo importante de la tarea y no de lo urgente. Un recuerdo de paso para Bernard y Robert, que ya se nos fueron, y que se divertían metiéndome de nalgas sobre pilas de virutas de las que lograba salir con dificultad, riendo.

¿Aún hoy soy capaz de distinguir lo urgente de lo importante en lo que hago cada día? Es muy improbable. Eso es lo que me recuerda *El Principito* con esta nueva lectura.

«¿Qué es lo más importante para hacer lo que tú haces, para escribir cada día?», me pregunta mi principito.

«Cuidar de mí mismo», le respondo.

Y él me dice: «Cosa que no haces».

Al tratar de distinguir lo urgente de lo importante en mi vida cotidiana, incluso ahora, aún no he aprendido a escucharlo, a seguir completamente sus enseñanzas, como tantas otras personas.

¿Y para ti? ¿Qué es lo más importante, lo más urgente en tu vida? ¿Sabes cuál es la diferencia?

¿Cuáles son los baobabs de nuestra existencia que debemos vigilar para que no acaben por invadirnos?

No olvidar jamás ocuparse de lo más importante es lo que nos recuerda *El Principito*. No hay que dejar jamás para el día siguiente lo que es vital para nosotros mismos.

CUADERNO DE VIAJE

«Lo importante permite que exista lo urgente.
Lo contrario no existe».

Y MI PRINCIPITO ME DICE:

«Lo más importante en el ajedrez no son los peones ni el resto de las piezas, es el tablero de juego».

¿SABER RELAJARSE?

COMO EL PRINCIPITO

«Si logras juzgarte bien a ti mismo,
eres un verdadero sabio».

*T*ras perseguir la puesta de sol hasta cuarenta y tres veces en un mismo atardecer en su planeta, el principito sabe mucho sobre lo que es necesario cultivar para sentirse feliz y estar tranquilo a la vez.

En su pequeño planeta, nadie le dicta sus apetencias, sus placeres, solo él decide si ha de desplazar o no su silla unos cuantos metros para seguir la siguiente puesta de sol. No hay ninguna moda, ni código, ningún medio de comunicación ni revista para incitarlo a hacer lo que él considera necesario para relajarse.

Árbitro libre, juez libre de su placer, el principito no necesita a nadie ni consejo alguno para crear su propia sonrisa.

Sabe divertirse con poco, extraer placer de cualquier cosa, pero, sobre todo, sabe seguir sus apetencias, esa puesta de sol tranquilizadora, revitalizante, que le gustaría perseguir hasta el infinito, como dice el narrador al final del encuentro entre el principito y el farolero: «El principito no osaba confesarse que añoraba a este bendito planeta, sobre todo, por las mil cuatrocientas cuarenta puestas de sol, ¡cada veinticuatro horas!».[2]

¿Con qué frecuencia nos cuidamos en nuestra vida cotidiana, cuando todo, deberes, familia, trabajo, no dejan de tirar de nosotros en todas direcciones hasta desgarrarnos con las exigencias de todos y los placeres de cada uno?

Escuchando los ecos de nuestra vida, obviamente pasamos más tiempo sufriendo que cuidándonos. En cuanto a pensar en relajarnos, a menudo lo postergamos hasta las calendas griegas de las próximas vacaciones en Creta, si llega a haber vacaciones.

Al final, ¿quién nos impide dedicar tiempo a pensar en nosotros, a relajarnos, aparte de nosotros mismos?

En este instante, haz como yo: apaga tu celular (hace seis meses que no lo apagas), y mira, escucha...

Nadie sabe qué haces, nadie puede contactar contigo, nadie sabe dónde estás, nadie puede separarte de tu universo, de tu instante, de ti mismo. Estás solo.

2. Capítulo XIV.

Estás a gusto. A este instante no le falta más que embellecer el entorno con algo que te guste, una música, una lectura, una ensoñación, una receta de cocina, algo de jardinería, una actividad que te vaya bien... simplemente para, en el espacio de este instante, con el teléfono apagado, sentirte relajado.

Por favor, sea cual sea la hora a la que lees estas líneas, pruébalo. Ahora, no dentro de un rato. Prueba y vuelve a empezar.

Como el principito, vuelve a aprender a relajarte. Aunque no todos los soles estén encendidos, aunque algunos estén apagados.

Porque saber relajarse no es solo sacar provecho, disfrutar, también es saber curarse las heridas, como el principito. Es ayudar al tiempo, que calma por sí mismo, a poner un bálsamo sobre las heridas de ayer. Igual que cuando las puestas de sol aliviaban su tristeza, nos incumbe a nosotros cultivar en nuestra vida lo que puede aliviar nuestro angustiado corazón.

Ahora que has apagado el celular y las pantallas que coartan tus pensamientos, ¿no ves a lo lejos, en tu profundo interior, anhelos que surgen de manera furtiva, en pequeñas imágenes?

¿No será tu principito que intenta hablarte? Aún resulta difícil oír su voz, tan profundamente enterrada como está, tanto tiempo hace que no te has comunicado con el niño que fuiste... Y, sin embargo, ¿no representan esas imágenes anhelos, deseos insatisfechos, placeres del momento que, tiernamente, te vienen a susurrar?

Escucha... Tu principito solo quiere lo mejor para ti. Al cuidar de él, cuidas de ti mismo.

CUADERNO DE VIAJE

«No hay felicidad
que puedas ofrecer, si no
sabes ofrecértela a ti mismo».

Y MI PRINCIPITO ME DICE:

*«No se sabe jamás cuando
se mira por última vez a las personas,
a los animales o a la naturaleza».*

¿PROTEGER TU SUEÑO?

COMO EL PRINCIPITO

*T*ener un sueño y creer profundamente en ese sueño... Cada día no es un largo río tranquilo, tener un sueño y creer profundamente en él puede resultar difícil.

Tener un sueño es dibujar un camino en la vida que tendrá como único objetivo construir nuestra propia felicidad, sin desviarnos por otros caminos que no nos incumben, sin sufrir la influencia de un entorno, por bienintencionado que sea, que quiera orientarnos en una dirección, hacia una vida que no es la nuestra.

Puede ocurrir, durante esa ruta, al no seguir más que a nuestra estrella, que arremetan contra nuestro sueño, voluntariamente o no, que lo critiquen, que se burlen de él, que lo obstaculicen, que se produzcan ataques. Hay que ser capaz de ignorarlos, de dejarlos resbalar como por las plumas de un cisne.

Nada debe hacernos dudar de nuestro sueño ni hacer que nos apartemos de la ruta que hemos elegido para alcanzarlo.

Si tu sueño se apaga, como le ocurre al principito con su flor única, todas las estrellas se apagan.

Es nuestro tesoro a lo largo de toda nuestra vida, como el cofre secreto de nuestra infancia en el que guardamos todas nuestras pertenencias, que tan preciadas nos son. Ese cofre que escondíamos hábilmente en un desván o en nuestra habitación, para que nadie lo descubriera y se apoderara de él. Ese cofre de nuestra infancia lo era todo para nosotros y entonces sabíamos cómo protegerlo.

Nuestro sueño se convierte en nuestro bien más preciado cuando navegamos por las esferas cuantitativas y categorizadas del mundo de los adultos, zigzagueando entre todas sus obligaciones y sus prohibiciones, ya que, como ese cofre de nuestra infancia, no tiene precio.

Todos tenemos un sueño, aunque no creamos siempre que vaya a realizarse. Hay que mantener la fe en él. Para evitar que lo dañen, no olvides nunca protegerlo, pues es así como florecerá en el secreto de tu pensamiento y acabará por hacerse realidad.

Aunque seas la única persona que perciba, que sienta y que comprenda su importancia, eso importa poco, ya que solo te concierne a ti, a tu felicidad, se trata de tu búsqueda, de tu vida.

Si durante años ese sueño es tu lucero vespertino, sin duda se convertirá en la piedra angular de esa vida de felicidad que habrás sabido inventar por ti mismo.

Solo tú puedes comprender, solo tú sabes.

No permitas que nadie pisotee tu sueño, y presta atención a mantenerlo siempre alejado de las malas palabras, de los malos consejos, así como de los malos pensamientos.

Puedes también dejarte llevar por la idea de cumplir algunos de tus sueños infantiles.

Te invito sinceramente a hacerlo.

Al comienzo de este libro hay un apartado, «Antes de comenzar esta obra», en el que te pedí que anotaras todos tus sueños de esa época, incluso los más locos, los más extravagantes. Te propongo ahora retomar ese capítulo unos instantes y añadir algunos deseos infantiles que recuerdes en este momento. El estado inmersivo en compañía de nuestro principito nos ayuda a veces a recordar lo que hemos enterrado.

Finalmente, ¿por qué no convertir esa lista en un plan de acción de placeres para el futuro? ¿Por qué no, por ejemplo, fijarte el objetivo de cumplir cada año uno de los sueños de esa lista? Solo para darte ese gusto, solo para emocionar a tu principito cada año.

Soñar, perseguir un sueño y hacer que ahora cobre vida, anclarlo en la realidad.

De igual manera, no hay que matar jamás los sueños de los demás, ni burlarse de ellos. Porque nosotros no conocemos las motivaciones ni la necesidad de que se cumplan para quien los comparte con nosotros.

Hay que mimar y proteger los sueños, tanto los propios como los de los demás, y cultivarlos a lo largo del tiempo.

Protege tus sueños como si fueran tus hijos, porque solo ellos son la prueba de que en tu interior sigue existiendo el principito, y que solo pide salir a la luz.

CUADERNO DE VIAJE

«Cuando los niños tienen un sueño,
piden un deseo,
y el deseo se hace realidad».

Y MI PRINCIPITO ME DICE:

*«Cuando el Hombre llega lejos, a menudo
se enfrenta a su futuro, en lugar
de aceptar un destino».*

¿SABER AMAR?

COMO EL PRINCIPITO

*«Pero los ojos están ciegos,
es necesario buscar con el corazón».*

Extrañamente, como cualquiera ha podido darse cuenta en sus relaciones amorosas, lo que podría parecer tan natural y sencillo, como el sentimiento amoroso, no es algo evidente que la vida nos ofrece y que no tenemos más que agarrar al vuelo, sin comprender su funcionamiento. Como nos recuerda el principito, a amar se aprende.

Tengo el recuerdo infantil de una ceremonia de boda conmovedora. La iglesia estaba llena, yo percibía la emoción de las personas presentes, y eso hacía que se me saltaran las lágrimas. Curiosamente, esa sensación no ha desaparecido cuarenta años más tarde, y el pasado otoño, en la boda de una pareja de amigos, tuve que contener las lágrimas con dificultad. Lágrimas de felicidad, lágrimas de envidia, no lo sé. En aquella primera boda de mi infancia, tras el mutuo consentimiento, los recién casados se besaron.

En aquel instante, en mi cabeza infantil, me quedé paralizado y me dije: «¿Cómo haré yo, cuando sea mayor, para besar a mi novia en público, delante de todo el mundo? No lo lograré jamás...».

Esa idea me obsesionó durante mucho tiempo.

Un sencillo miedo infantil que jamás pude compartir con nadie. Tuvieron que pasar muchos años para poder al final intercambiar un simple beso ante la mirada de los demás, sin pensar en ellos, olvidando en el instante de ese beso, el tiempo y el lugar en los que me encontraba. También eso es amar: descubrir, en las primeras emociones, esa sensación de estar solos en el mundo.

La mayor parte de nosotros hemos vivido distintas historias de amor y diferentes formas de amor. De la pasión tórrida hasta volverse destructiva, a la tranquilidad de la comodidad de los sentimientos apaciguados, de los amores a distancia, fantaseados, a la fusión de los corazones en la que se pierde algo de la personalidad propia, ¡son tantas las diversas historias de amor!

Todas tienen una cosa en común: el aprendizaje de nosotros mismos y del otro, en medio de ese tumulto de sentimientos que no podemos contener ni canalizar. El aprendizaje de la persona que somos en esa situación, frente a la que ha desembarcado en nuestra vida sin previo aviso, tanto si en ese momento estábamos preparados como si no. ¿Era el buen momento? ¿Por qué ocurrió todo sencillamente, sin fricciones? O por el contrario, ¿por qué fue todo tan complicado, tan desgarrador?

Tanto si la historia fue bien como si fue mal, aprendimos sobre nosotros mismos en el instante en que apareció en nuestra vida. Creíamos saber quiénes éramos, creíamos saber cómo íbamos a reaccionar... Y, sin embargo, nada ocurrió como lo habíamos imaginado..., cuando éramos niños.

En cada historia, igualmente tuvimos que enfrentarnos al aprendizaje del otro, ese extraño o extraña, con el que habíamos fantaseado en lo más recóndito de nuestro corazón.

Ese otro que no se parece del todo, por no decir nada, a la imagen que nosotros nos habíamos formado. Creíamos conocer a la persona hecha a nuestra medida, pero tanto si la historia sale bien como si sale mal, con frecuencia descubrimos en el mejor de los casos, como se dice a menudo: «Al menos ahora ya sé lo que no quiero».

Un aprendizaje..., amar es un largo aprendizaje, no una obviedad, un regalo caído del cielo que no hay más que desenvolver.

«Yo era demasiado joven para saber amarla», nos dice el principito, pues la mayor fuerza del niño ante el amor es saber cuestionarse a uno mismo por los errores propios, saber también pedir perdón, cuando a menudo, en la edad adulta, le echamos la culpa al otro por el naufragio de la historia que hemos vivido.

Hay tanto aprendizaje en el amor: saber dar, saber escuchar, saber sorprender, saber ser sincero, saber ser paciente..., porque una historia que empieza no se desarrollará del modo en que la descubrimos al cruzarnos con ella. No seguirá así, inmovilizada, como en ese instante. Evolucionará en función de las experiencias que tengamos en nuestra vida, de nuestra propia evolución, y con el tiempo esos cambios llevarán a los enamorados a acercarse más aún o a alejarse.

Amar como el primer día es ya saber amar. Aprender a amar de verdad requiere un poco más de tiempo, de escuchar, de humildad, de saber perdonar y de paciencia... La misma paciencia que saben demostrar los niños con su primer beso robado.

¿Te acuerdas de tu primer beso?

CUADERNO DE VIAJE

«Amar es el más hermoso de los viajes».

Y MI PRINCIPITO ME DICE:

«Para ella,
yo no era más que un jardín secreto;
para mí,
ella era toda mi vida».

¿SABER PASAR PÁGINA?

COMO EL PRINCIPITO

*L*evantar el vuelo y dejar el pasado atrás, a pesar de todo. No es tan sencillo cuando los años han hecho que se arraiguen costumbres que se convierten en puntos de referencia en la vida. Es así como se construyen la vida cotidiana y su equilibrio.

Cuando nos vemos constreñidos por la necesidad o las ganas de cambiarlo todo, no es tan fácil pasar una página entera de nuestra vida que ha podido extenderse y construirse a lo largo de años.

En un pasado lejano, la vida de muchos de nuestros ancestros no tuvo que experimentar tales giros, cuando todo estaba trazado, desde la infancia hasta el matrimonio, desde la vida familiar hasta el fallecimiento. Para mejor y para peor, a pesar de un anhelo frecuente de partir, de cambiar de vida, todo estaba trazado, era imposible escapar… Pasar página ocurría en raras excepciones en un mundo que vivía en aislamiento, sean cuales sean el nivel social, la cultura y el país observados.

Así discurría la historia de los seres humanos, de generación en generación, repitiendo las mismas tradiciones, los mismos errores, enseñando las mismas creencias, las mismas verdades, el mismo funcionamiento en el seno de la pareja o de la sociedad.

Durante largo tiempo, el mundo ha funcionado avanzando en círculo. Solo algunas personas curiosas, exploradores, inventores, investigadores intentaron que se expandieran los límites del conocimiento, de la existencia, a menudo a costa de su reputación, de su pertenencia a un grupo, o de su vida. Era apenas ayer cuando, si se nacía en una familia campesina, era imposible, casi impensable, pasar página y partir en busca de una vida totalmente distinta.

Hoy en día, ese sistema repetitivo, ese yugo de la vida en la que todos estaban presos, fuera cual fuere su condición, esa vida sin casi ninguna puerta de salida es cosa del pasado. La libertad se ha convertido en un derecho adquirido. La libertad de ser, la libertad de seguir siendo, de cambiar, de partir, la libertad de pasar página... Qué libertad...

¡Qué peso en realidad, qué dificultades nos han legado igualmente con ese derecho! A pesar de la compartimentación de elecciones y de oportunidades, antes era mucho más fácil dejarse llevar por la vida que elegir ahora. No se desea lo que no se conoce. Y no conociendo, no se puede desear nada más que lo que se nos presenta como un entorno vital y unas reglas de funcionamiento. Una suma de verdades y de puntos de referencia que no te hacen más desgraciado, puesto que no hay nada más al alcance de tu vista.

Hoy en día, todo se conoce, todo es visible, todo es imaginable —o al menos lo parece—, todo parece posible. Desde ese momento podemos cambiar, podemos desear partir hacia un universo que parece correspondernos, que nos seduce.

El mundo se ha convertido en un aparador bien provisto de lugares para visitar, de empleos por descubrir, de oportunidades, de encuentros, de placeres y de amores posibles. Solo falta...

Solo falta lo más complicado en realidad: elegir. Elegir y dar el primer paso, pasar la página de las costumbres, de la vida anterior, elegir.

Puesto que partir, como para el principito, es saber lo que dejas atrás. Es decirte a ti mismo, refiriéndote a todo, unos días antes de la mudanza, de cambiar de trabajo, de vida: «Es la última vez que...».

Pasar página no es cosa fácil, pero ahora se ha convertido en algo posible, al contrario que antes.

A menudo solo nuestros miedos nos impiden volver a empezar de nuevo, cuando se han eliminado casi todas las prohibiciones.

Pero nuestros miedos son feroces. Y si hay una persona que pueda ayudarnos a dar el paso necesario para pasar página, es sin duda el niño que fuimos. Ese principito, sabiamente sentado en su planeta, soñando como nosotros entonces, entusiasmándose con todas las posibilidades, con otros lugares, y con viajes. Ese principito al que llevamos del inmovilismo a la inercia, por no escuchar lo que aún le emociona, lo que nos impulsa.

¿Tienes que esperar al último día de tu vida para arrepentirte? ¿Tienes que dejar que nuestro amigo, el niño que fuimos ayer, se muera de aburrimiento?

¿Por no dar el primer paso para escribir una nueva página de tu vida? ¡Vamos, da el paso!

❧

CUADERNO DE VIAJE

*«Pasar página
es reescribir la historia de tu vida,
sin restricciones».*

❧

Y MI PRINCIPITO ME DICE:

«Nunca sabes qué conservar, qué adquirir,
qué dejar, hasta el último día».

¿SER INSUMISO, INCORRUPTIBLE?

COMO EL PRINCIPITO

«¿Y para qué te sirve poseer las estrellas?».

*E*l principito no se somete a ningún poder, a pesar de la oferta del rey de ordenar una puesta de sol para él o de convertirlo en ministro de Justicia. Insumiso, incorruptible, el principito no reconoce esa pseudoautoridad, que permitiría al monarca tener control sobre él, sobre lo que debe hacer y pensar, y menos aún viniendo de un rey que no gobierna nada.

Seguir siendo insumiso en la edad adulta, vivir sin término medio lo que se piensa, lo que se hace, lo que se dice... ¡Ambicioso plan! Difícil de mantener, admitámoslo.

Y, sin embargo, aunque algunos acuerdos sean necesarios para una buena convivencia, ¿debemos por ello ceder ante cualquier forma de poder que se nos presente? ¿Someternos a ella contra nuestra voluntad, nuestro criterio? Sea un poder de orden policial, jerárquico, gubernamental, religioso, patriarcal o político..., esos poderes, en realidad, no representan más que la ley del más fuerte. Una ley del más fuerte que no es una ley que debamos aceptar bajo cualquier circunstancia. Pasar continuamente por el aro no lleva más que a quedar encorvado mucho antes de llegar al final de la vida.

Siendo pequeño, y después de que mi abuela me regañara por la enésima tontería que acababa de cometer, me dijo con un dedo acusador, señalando la medalla que yo llevaba colgada al cuello: «¡Cuidadito, el Niño Jesús te está viendo!».

Poder absoluto el de ese personaje incrustado en mi medalla de bautismo, que podía decidir castigarme cuando a Él le pareciera bien... A menos que...

Tomé entonces entre los dedos la medalla del final de la larga cadena, la miré, luego miré a mi abuela, que me pareció muy anciana, y enérgicamente me eché la medalla a la espalda, replicando: «¡Bueno, pues así ya no me verá!».

Luego, volví a mis cosas sonriendo, mientras ella estallaba en risas.

Qué fácil, qué obvio librarse de los poderes cuando eres niño, como en ese recuerdo mío, mientras que después la religión viene a veces a persuadirnos de autoflagelarnos, quiere pasarnos por el rodillo de la culpabilización, por la picadora de la sumisión. Una sumisión que debemos, en todo momento y en cada oportunidad de nuestra vida, a esa instancia suprema que, cuando éramos niños, no existía más que en esa simple medalla.

Puedes ser una persona creyente, esa no es la cuestión, solo es el ejemplo de un poder que puede volverse tiránico, y al que uno puede elegir en todo momento no someterse más, y vivir o no con él, de igual a igual.

Es tan fácil jugar con los miedos, miedos que crecen a medida que envejecemos. Todas las formas de poder utilizan la palanca de nuestros miedos tanto a vivir como a morir, y esto va más allá de la religión, como observamos por la facilidad con la que en ocasiones podemos renunciar a partes enteras de nuestra libertad por la presión del poder político, y someternos así, sin más motivo.

Ser insumiso, como el principito, no es ser rebelde, fanático, colérico o vengativo, es simplemente creer sobre todo en ti mismo y seguir tu propio camino. No tener miedo, no rendirse, y saber ser libre de quedarse o de partir, como él.

CUADERNO DE VIAJE

«No te sometas
mas que a tus sueños».

Y MI PRINCIPITO ME DICE:

«Creo en todo
lo que se le escapa al Hombre,
y desconfío de todo lo que proviene de él».

¿SABER MANTENER LA HUMILDAD?

COMO EL PRINCIPITO

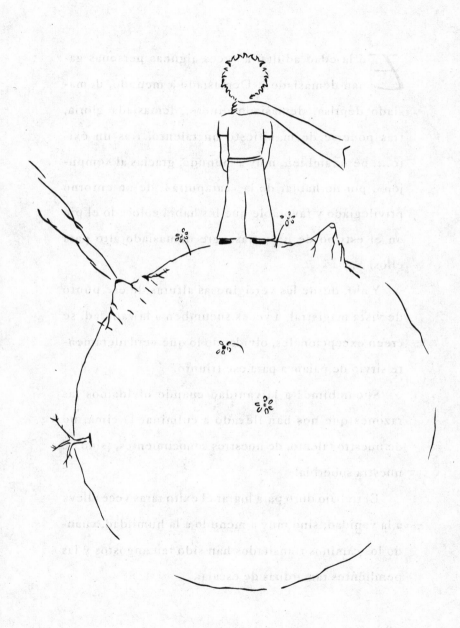

*E*n la edad adulta, a veces algunas personas ganan demasiado... Demasiado a menudo, demasiado deprisa, demasiado dinero, demasiada gloria, tras ponerse de manifiesto un talento, tras un éxito..., pero también, muy a menudo, gracias al «empujón», por no hablar de la «catapulta», de un entorno privilegiado y favorable que les habrá colocado el pie en el estribo de un purasangre demasiado alto para ellos.

Y ahí, desde las vertiginosas alturas de ese punto de vista magistral, a veces sucumben a la vanidad, se creen excepcionales, olvidando lo que verdaderamente sirvió de palanca para ese triunfo.

Sucumbimos a la vanidad cuando olvidamos las razones que nos han llevado a culminar la cima, no de nuestro talento, de nuestros conocimientos, ¡sino de nuestra soberbia!

El trabajo duro para lograr el éxito raras veces lleva a la vanidad, sino muy a menudo a la humildad, cuando los caminos transitados han sido tan angostos y las pendientes tan arduas de escalar.

Cuando se hace lo que se puede, todo lo que se puede, es agotador, cierto, pero jamás te vuelve vanidoso.

Hace unos años, una persona me dijo: «Cuando las cosas te empiecen a ir bien, te ocurrirá lo que a todo el mundo, ¡se te subirán los humos a la cabeza!».

En ese momento, no sé si hablaba de mí o de él mismo. Y le respondí en tono de burla: «En caso de éxito, para mantener el equilibrio, la cabeza ha de inflarse al mismo tiempo que los tobillos».

Y llegaron los primeros días en los que todo lo que yo había sembrado desde hacía tantos años empezó a germinar, después a crecer lentamente, sin vanidad. Pues el precio pagado me obligaba, a la vista de una primera y escasa cosecha, a observar y estudiar con humildad a quienes, fuera cual fuere su campo, habían cumplido su sueño a la altura del trabajo realizado.

Extrañamente, ninguno de los deportistas, escritores, inventores, músicos, ingenieros, diseñadores, actores, etc., en los que pude observar ese nivel de éxito conocía la vanidad. Solo el precio pagado, y las ganas aún de hacer, de superarse, de construir y de realizarse.

Cada vez tenía menos y menos noticias de aquella persona que decía «alegrarse por mí». Por mucho que yo intentara llamarle, cada vez me respondía menos.

Aquella persona acabó por excluirme lentamente de su círculo personal. Más tarde comprendí que el problema residía en sus proyecciones personales. Los «humos» que me atribuía, en realidad, no eran más que el reflejo de su propia personalidad.

También te puedes volver vanidoso por proyección, por celos, no cabe duda.

Extrañamente, la vanidad puede aparecer en algunos niños en la escuela, y por las mismas razones que el adulto al que han «colocado», que ha recibido demasiado, sin haber tenido que dar mucho.

En el patio de recreo, Thomas era de esa clase de niños. Nacido en el seno de una familia acomodada, no dejaba de alardear ante nosotros de los últimos regalos que había recibido, por una buena calificación, por su cumpleaños, y con frecuencia por nada. Siempre llevaba las mejores ropas, la mejor mochila, el accesorio más novedoso, cuando raras veces lo merecía.

Al no dejar así de jactarse, de abrumarnos con su riqueza, de restregarnos las maravillosas vacaciones que había pasado en la otra punta del mundo, burlándose de la casa rodante o la tienda de campaña de los demás, Thomas acabó como todos los engreídos, una vez pasada la magia del espectáculo, solo o casi solo en el patio de la escuela.

Como en ese planeta que visita el principito, el vanidoso está completamente solo, mirándose en el espejo.

La vanidad te confina a la soledad. Solo la humildad produce la admiración y el respeto de todos por el trabajo realizado y los proyectos cumplidos.

Observa cómo las estrellas de un día que desfilan por los sets televisivos, no teniendo nada más que plástico para vender, no son, en realidad, más que estrellas fugaces..., a las que no se vuelve a ver.

Nadie se deja engañar por los vanidosos, por el vacío que los ha inflado. Igual que el niño que llevamos dentro, el principito no se deja impresionar, ni cae en el juego de los vanidosos.

En cuanto a la humildad, al cultivarla todos los días en lo que hacemos, así como en lo que somos, no podemos esperar de ella más que la eclosión de un alma bella, con la que entonces todos desearán comunicarse, a la que todo el mundo querrá acercarse.

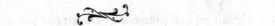

CUADERNO DE VIAJE

«Sé humilde
y te harás grande».

Y MI PRINCIPITO ME DICE:

*«Cuando te crees que
eres alguien,
es cuando te vuelves un don nadie».*

¿SER CURIOSO, EXPLORADOR, SABER MARAVILLARSE CON TODO?

COMO EL PRINCIPITO

*E*l mundo y sus riquezas solo las puedes descubrir por ti mismo, tanto las cosas efímeras como las esenciales.

Cuando pienso en mi infancia, encuentro en ella un punto en común con muchas otras, con la tuya, con la de todo niño: las ganas de saber, de descubrir, de tocar, de probar, en resumen: la curiosidad. A imagen del principito, que procura saber mediante preguntas sin fin:

—Si un cordero come arbustos, ¿come también flores?

—Un cordero come todo lo que encuentra.

—¿Hasta las flores que tienen espinas?

—Sí. Hasta las flores que tienen espinas.

—Entonces las espinas, ¿para qué sirven?[3]

¿Sentimos nosotros todavía tanta curiosidad por el mundo que nos rodea?

La cotidianeidad, el trabajo, las obligaciones, el círculo de amistades, el círculo familiar y profesional,

3. Capítulo VII.

todo eso ha acabado ocupando tanto espacio en nuestra vida...

¿Nos sobra todavía tiempo para ser curiosos, insaciables, cada día?

Pero, sobre todo, ¿nos tomamos aún el tiempo para descubrir, para interesarnos y quizá para maravillarnos con un conocimiento, una palabra, un olor, un color, un nuevo tema?

Son tantos los hábitos cronófagos, que consumen nuestro tiempo, que llenan nuestras horas, aunque hayamos optimizado nuestro horario, nuestros días..., nuestra vida. Solo lo hemos hecho para introducir con calzador un nuevo hábito, una nueva obligación, una nueva tarea repetitiva que debemos asumir, sin por ello dejar lugar a un instante de ensoñación, de curiosidad.

Las nubes siguen desplazándose sobre nuestras cabezas, pero ya no las vemos.

Cada día, las abejas vuelven con la puesta de sol a acostarse en su colmena. Y a nosotros nos parece normal que la Tierra continúe con su danza infinita entre las estrellas, sin apenas sacudidas, a pesar de lo que la Humanidad la hace sufrir.

Todo es normal, está interiorizado, ya nada nos parece excepcional y, sin embargo, cada nuevo día que hace que se abran los pétalos de las flores, y que el rocío caiga sobre las hojas con una delicadeza infinita, es, en realidad, espectacular, mágico, si por un segundo nos tomamos el tiempo de beber un café asomados a la ventana para mirar esta maravilla de mundo que renace cada día, en lugar de embrutecernos delante de una hipnótica pantalla de televisión. La tele, esa pequeña caja compartimentada que nos ofrece a menudo la cara más horrible del mundo, o al menos lo que el ser humano ha hecho de él.

No obstante, es tan fácil levantar la persiana, abrir la ventana de par en par. Aunque los paisajes no sean todos perfectos y no se pueda comparar la vista de un horizonte de azul infinito, o una cadena montañosa extendiéndose hasta perderse en la lejanía, con la vista de una viga de cemento de la ciudad, a pesar de todo, es el regalo que el mundo nos ofrece cada día, porque para todos nosotros ha salido el sol.

El principito sabe ver todas las puestas de sol, y en su pequeño planeta, al desplazar su silla, ha llegado incluso a ver cuarenta y tres en un día...

Saber reconocer la belleza del mundo igual que él, sin necesidad de comentarla, de congelarla en el tiempo, de explicarla, saber simplemente detectarla para volver cuanto antes a ser capaz de deleitarse con ella y de recrearse en ella...

¿Somos capaces de esa pequeñez? ¿Somos aún capaces de sonreír a ese principito que duerme en lo profundo de nuestra mente?

¿Somos capaces de tomarlo de nuevo de la mano, no para acompañarlo, sino para que se convierta en nuestro guía para el mañana...?

El sol... Color sol, así llamaba yo al color amarillo cuando era niño. Eso hacía sonreír a la maestra, que informó de esa peculiaridad a mis padres.

Color sol, no di mi brazo a torcer.

Imposible convencerme de lo contrario.

Aún hoy me llega el eco de esas palabras y, para mí, el amarillo sigue sin existir.

«Busca tu sol, busca tu color sol, me repetía sin cesar mi principito...».

Te escribo estas líneas desde la orilla del mar, unos cuarenta años más tarde.

Y al igual que entonces, no existe el amarillo, no es más que el sol, el color sol, y los caminos del ayer han acabado por traerme hasta aquí.

CUADERNO DE VIAJE

«Y el mundo se ilumina
cuando sabes mirarlo».

Y MI PRINCIPITO ME DICE:

«Las cosas que prefiero
son las que existen
sin ninguna razón de ser».

¿SER RICO CON LO QUE TIENES?

COMO EL PRINCIPITO

¿Ser rico con lo que se tiene o ser rico con lo que se posee?

Parece fácil zanjar la cuestión desde un punto de vista de adulto informado, argumentando desde el punto de vista filosófico dominante que: «Lo que poseemos acaba por poseernos», o también que: «La riqueza interior es la única que cuenta...», y acabar por concluir que: «Quien se contenta con poco es rico en todo...».

Hermosos conceptos que entendemos, que aprendemos, que transmitimos. Pero ¿los vivimos en realidad, los aplicamos a nuestra existencia en el día a día? ¿Son, además, concebibles teniendo en cuenta la naturaleza humana?

No pretendo abrir aquí ese debate que sostienen desde hace largo tiempo tanto pensadores, filósofos y predicadores, como las diferentes religiones.

Aquí solo vale el enfoque del principito sobre esa noción. Solo vale nuestra forma de juzgar esa noción de riqueza siendo niños.

¿Te acuerdas de tus tesoros? ¿De tu bolsa de canicas que intentabas hacer crecer durante el recreo?

¿Te acuerdas de los trueques en el patio, de las estampas que se cambiaban?

A los niños les gusta adquirir y acumular cosas, pero hay una gran diferencia con los adultos en los que a veces nos hemos convertido: ellos solo acumulan y coleccionan las pertenencias que les son o que les parecen útiles, a sus ojos, no a los del mundo.

A veces, igual que los adultos, los niños pueden envidiar las cosas que tienen sus camaradas y ellos no. Pero al final, la mayoría de las veces, la envidia desaparece rápidamente tras reflexionar. Excepto en el caso de caprichos repetitivos, si bien ese es un caso muy específico, los niños aman lo que tienen, lo que aprecian, y se sienten ampliamente satisfechos con ello la mayor parte del tiempo, porque son pertenencias que han elegido, cultivado y acumulado por las ganas de poseerlas, no por «deber».

«Es útil para mis volcanes y es útil para mi flor que yo los posea», repite el principito. Es así como lo siente, como lo vive. Por eso sus pertenencias lo hacen feliz, porque le son útiles, igual que él cree ser útil para ellas.

¿No eras feliz en el pasado con lo que tenías? ¿Incluso siendo poco a veces? Sí, con frecuencia, porque esa riqueza te bastaba para hacerte feliz.

En ese sentido, éramos ricos, porque lo que constituía nuestro tesoro era útil para la felicidad de nuestra vida.

De niños, éramos ricos con lo que teníamos, porque éramos ricos en todo lo que nos gustaba.

¿Para qué habría sido indispensable acumular sin cesar cosas que no habrían sido útiles para aportarnos felicidad, placer? Sin embargo, extrañamente ese era el camino que seguíamos luego, cuando más adelante nos dedicamos a amasar cosas para «ir de acuerdo con», para no «distinguirnos de», para «seguir la nueva tendencia de»... En resumen, todo lo que las modas y la sociedad nos han ordenado poseer para ir de acuerdo con los criterios de la época y amoldarse a ellos. Pertenencias tan efímeras como insustanciales, puesto que ninguna responde a nuestros deseos más sinceros, a esos pequeños tesoros que acariciábamos bajo la almohada siendo niños.

Y si... Una vez más me gustaría vislumbrar las posibilidades que nos ofrece el principito que reposa dormido en nuestro profundo interior.

Y si... Y si vaciáramos los armarios, y si hiciéramos una enorme pila con todas nuestras pequeñas pertenencias sobre una gran mesa, ¿qué conservaríamos? Sinceramente. ¿Cuántos de esos objetos servirían realmente para nuestra felicidad?¿Cuántos serían útiles para nuestro disfrute?

La cuestión se vuelve sencilla cuando se hace una mudanza, lo que viví hace unos meses, cuando al final llené muchas más bolsas de basura que bolsas de viaje, para esa nueva partida.

Como los niños, sin duda al repasar nuestras pertenencias, no conservamos más que lo que nos gusta en ese momento, eso es todo.

¿Deberíamos, como el principito, evaluar las razones por las que nos gusta una cosa, las razones por las que la guardamos cerca de nosotros?

Si nuestras pertenencias no sirven a nuestra felicidad, como nosotros podemos a veces servir a la suya, entonces, a los ojos del niño, son inútiles.

CUADERNO DE VIAJE

«Ser rico con lo que tienes es
ser rico con lo que amas, para acabar
siendo rico con lo que eres».

Y MI PRINCIPITO ME DICE:

«El signo de interrogación
es una duda,
y su dibujo, la mitad de un corazón».

¿TRABAJAR EN LO QUE TE GUSTA? ¿SENTIRTE ÚTIL CON LO QUE HACES?

COMO EL PRINCIPITO

«Eres responsable para siempre
de lo que has domesticado.
Eres responsable de tu rosa...».

Si la historia de una vida es una saga que se escribe capítulo tras capítulo, no estamos solos en nuestros primeros años, escribiendo los primeros volúmenes. Desde el bebé lactante hasta el niño que da sus primeros pasos, nuestros padres, nuestros maestros y las personas de nuestro entorno son los que escriben sobre nuestras primeras inclinaciones, nuestros primeros gustos, nuestros primeros descubrimientos.

Esos primeros tomos de nuestra vida que se van amontonando, se llenan entonces de experiencias y de conocimientos que no elegimos, sino que nos guían hacia ellos para explorar, para probar.

En consecuencia, cuanto más diversos y ricos son los conocimientos, más se expande el abanico de posibilidades para el futuro.

Creer que se puede elegir sin conocer, sin haber estado expuesto a diferentes temas, es un espejismo. Cuando no se sabe, no hay elección, solo la continuación de una trayectoria por defecto en el único campo, o casi, en el que se ha evolucionado a lo largo de los años.

El niño que somos entonces no es en su mayor parte más que la suma de las experiencias a las cuales ha sido expuesto.

Si no hay otra apertura de la mente posible más adelante, los estudios que se desarrollen luego corresponderán en la mayoría de los casos al universo en el que el niño haya estado inmerso. Como resultado, el adulto ejercerá la profesión para la que ha sido condicionado desde los primeros capítulos, desde los primeros volúmenes de su vida.

Es así como los profesores, los médicos, los abogados, los marinos, los obreros de la construcción se forman a menudo en el seno de las familias y de su influencia.

Y, sin embargo, durante el camino de la infancia y luego de la adolescencia, todos hemos empezado a usar el bolígrafo en un momento dado, prestando cada vez menos atención a las influencias externas, para escribir nosotros mismos los nuevos capítulos de nuestra vida.

Puede que hayan aparecido entonces puntos de fricción, contradicciones entre el camino por el que nos han llevado y el camino por el que nos sentimos atraídos. Y, sin embargo, hemos seguido por el camino del entorno habitual, por desconocimiento y miedo del ámbito que entonces nos gustaba. La falta de confianza, la falta de apoyo y la vida nos impulsan a veces hacia un mundo en el que desempeñamos un trabajo para el que, a pesar de las apariencias, no estamos hechos.

¿Has experimentado esta situación? ¿O quizá la vives ahora mismo, poseyendo cierto conocimiento, ejerciendo una profesión en un camino perfectamente trazado, y, no obstante, sintiéndote a veces fuera de lugar, como desfasado?

¿Qué hacer? Sí, qué hacer cuando recuerdas a veces los sueños que tenías, los deseos que quizá anotaste en tu diario íntimo, hace algunos años. Sueños secretos de arte, de grandes mesas gastronómicas, de veterinaria, de viajes, de arquitectura, de exploración... Mientras que ahora lo urgente es entregar a tiempo los balances contables en la oficina.

¿Estoy en mi lugar, me gusta lo que hago? Una pregunta que, desde que empieza a asomar la cabeza, no deja de surgir, de dar vueltas, de danzar ante nuestros ojos. Una pregunta a la que habrá que responder, y lo sabemos. Puede tardar un tiempo, años, cuando todo se ha de cuestionar y hasta ese momento todo se ha construido en torno a ese camino, en función de ese camino.

¿Es necesario esperar a la crisis de los cuarenta o la de los cincuenta, que son tan sintomáticas de ese paso a la acción, de ese gran viraje que se da para rediseñar la propia vida? ¿O quizá, releer rápidamente las primeras páginas de la juventud, que habíamos escrito metidos en la piel de nuestro principito?

Esas páginas en las que proyectábamos ejercer una profesión que nos apasionaba, en la que nos sentíamos útiles... Útiles para nosotros mismos, para los demás... Ese principito que encarnábamos entonces tenía en alta estima a la persona que soñaba ser, ya que se superponía en su imaginación con la que iba a acabar siendo.

¿Y si volviéramos a conectar con los sueños de ayer, con los del niño que éramos? «Eran tonterías...», pensarán quizá algunos. Puede... Lo suficiente para tranquilizarse sobre el presente, sobre el hoy, no sobre el futuro.

Nuestros deseos juveniles no surgieron de la nada, nos cruzamos con ellos, nos aferramos a ellos, los cultivamos, no como fantasías, sino como intuiciones del lugar al que nos dirigíamos, que queríamos ocupar en este mundo, que se abría ante nosotros como un pequeño paraíso.

Nunca es demasiado tarde para cambiar, para poner en duda, cuando nuestro principito no deja de repetirnos, en los largos suspiros de nuestra vida, que nos hemos equivocado, y que la felicidad se encuentra en otra parte, en las antípodas de lo que vivimos, pero en perfecta armonía con los capítulos de nuestra infancia.

Si sientes ese malestar en tu vida, recuerda... Y pregunta a tu principito cuáles eran entonces tus auténticos deseos.

Solo él lo sabe, si nosotros sabemos escucharlo.

CUADERNO DE VIAJE

*«Date libertad
en lo que haces.
La libertad
es hacer lo que te gusta».*

Y MI PRINCIPITO ME DICE:

*«Cuando una persona te dice
que es imposible, acuérdate de que habla
de sus límites, no de los tuyos».*

¿DEJAR HUELLA?

COMO EL PRINCIPITO

«*E*scríbanme enseguida, díganme que el principito ha vuelto...», las palabras de Antoine de Saint-Exupéry resuenan aún a lo lejos al final del libro, cuando en realidad, en cierto modo, nunca se fue.

El principito que llevamos en nuestro más profundo interior sigue ahí durante toda nuestra vida.

Podemos olvidarlo, puede que se duerma, pero no nos abandona jamás.

Aceptar esa parte de niño que todos conservamos muy adentro es realmente difícil cuando nos «vemos» crecer y luego envejecer. Pero en el transcurso de todos esos largos años, no hacemos más que «vernos».

Es un arte delicado aceptar que ese niño que fuimos no ha dejado jamás de acompañarnos en nuestra vida. Un pequeño ejercicio de humildad para el adulto que hemos construido.

Ese adulto orgulloso de ser mayor, orgulloso de haberse vuelto sabio, envanecido por ser adulto y haber relegado a ese niño a los vagos recuerdos de un ser tan «descortezado» como «desmembrado» y, sin embargo, es él quien, con sus bracitos, ha cargado con la persona en la que luego nos hemos convertido.

Ego, ego, oigo tu eco. Un poco de humildad, he dicho, por la grandeza de espíritu que el niño ha sabido proyectar para construir al adulto en que nos hemos convertido. Se lo debemos todo, lo que somos, lo que pensamos, lo que aún soñamos, todo.

Sin él, ¿qué seríamos? ¿Qué serías tú?

El principito que fuimos ha dejado una huella profunda de por vida en lo que somos ahora, aunque a veces nos resulte difícil reconocerlo, porque creemos haber construido y controlado el conjunto de escenarios, afinidades y aspectos prácticos de nuestra vida, de manera razonada.

Dejar huella, esa huella del niño abierto, soñador, optimista que fuimos, es el regalo final que sabe ofrecernos aún nuestro principito cuando estamos perdidos en la jungla de la vida, sin sol y sin salida. Solo el principito que llevamos dentro nos permite volver a levantarnos cuando la vida nos pone de rodillas.

Es en esta fuente viva, en esta huella que él ha dejado en los pliegues de nuestra alma, donde podemos renacer y tener esperanza en todo momento.

Mirando de cerca la fragilidad de nuestra vida adulta, cuando todo el edificio puede desmoronarse ante el más mínimo cambio, no podemos por menos que dar las gracias a ese principito que no nos ha defraudado jamás, aunque nosotros no siempre hayamos sabido qué nombre darle.

Sí, fue él, tú, quien hace mucho tiempo supo volver a darte la fuerza para ponerte en pie.

¿Qué queda ahora a lo largo del camino al envejecer? ¿El deseo creciente de dejar huella también, a través de los proyectos, los éxitos, los hijos?

¿Quizá es cuando sentimos que aceptamos volver a ser ese principito, dejarle invadir de nuevo nuestro espíritu, cuando el deseo de dejar huella se vuelve acuciante...? No lo sé.

Pero dejar huella de ti mismo, de lo que has aportado al mundo, se convierte entonces en la conclusión obvia. No necesariamente para la posteridad, sino tan solo para no ser olvidado, para tener la sensación de haber existido.

Para ser sincero, momento narcisista, ¿para qué escribir? Para dejar huella, claro, pero no para la posteridad sino para el presente.

Escribir para el mañana es morir ya.

Pero dejar huella, con mis actos, con mis palabras, con mis relaciones, con mis libros..., para los demás. Muchos de los autores que he leído a lo largo del tiempo se han convertido en amigos, en compañeros de barracón, en noches de insomnio clandestinas... Muchos me han ayudado.

Al igual que ellos, lo que yo deseaba hace muchos años con respecto a mis primeras obras se resumía así: «Si pudiera ayudar al menos a una persona..., habría ganado».

Al leer los benévolos mensajes de agradecimiento que recibo, gracias a ti ciertamente mi principito me ha hecho un regalo que supera con mucho la promesa que me hizo a los diez años de edad, cuando escribía mi primer cuento ilustrado: *La Clef des songes*.

Al final, no somos nosotros quienes dejamos huella, sino a lo sumo, si hemos sabido escucharlo, el principito que fuimos.

CUADERNO DE VIAJE

«Nos convertimos en lo que siempre hemos sido
y es lo que dejamos tras nosotros».

Y MI PRINCIPITO ME DICE:

«Ego, ego...
Todos somos ego.
Todos por igual».

¿VOLVERTE ACCESIBLE PARA LOS DEMÁS?

COMO EL PRINCIPITO

*«He aquí mi secreto, es muy simple:
no se ve bien sino con el corazón.
Lo esencial es invisible a los ojos».*

*E*n este pasaje, el principito aparece como el alma infantil del narrador.

Intenta convencer a sus contemporáneos adultos, mediante el dibujo, de la magia que aún podemos cultivar en nuestra vida adulta tan cartesiana, tan prosaica, desprovista a menudo de fantasía.

Por desgracia, la respuesta es siempre la misma para el narrador, y la prueba fracasa.

Le habría gustado intercambiar conversaciones de principito a principito... Pero eso se revela imposible, porque sus semejantes han acabado asfixiando a su principito personal en lo más hondo de su espíritu, a medida que envejecían. El narrador no condena, sino que constata ese simple estado de cosas, ese triste estado, por momentos, de no ser más que un adulto. Y no poder mantener más que discusiones de adultos.

¿No has sentido u oído alguna vez las respuestas hirientes de los frustradores de sueños, que se ríen de tus palabras cuando te embarcas en el sueño de tu vida, los deseos aportados por tu principito personal, que se desarrollan en tu imaginación para florecer en tus fantasías?

Al querer compartirlos, incluso con los allegados, con los amigos, ¿a quién no han vuelto a veces a poner los pies en la tierra esos cortadores de alas desprovistos de imaginación y de deseos? Es un momento humillante, hiriente, que nos afecta en lo más hondo, un momento difícil de vivir, ya que nos hemos explicado a corazón abierto, sinceramente, sin filtro, y sin defensas.

Se vuelve entonces complicado repetir la experiencia, ya que además de no ser comprendidos, esos comentarios mordaces nos obligan sin remedio a justificarnos, a pasar por iluminados o... a volver a formar parte de la mentalidad «adulta», apropiada, olvidando el ímpetu de nuestro principito, el eco de la voz de nuestra alma infantil.

A pesar de todo, existe otro camino y varias cosas a recordar de esa desafortunada experiencia...

No acallar jamás tu alma de niño, y seguir escuchando sus fantasías.

Cultivar al principito que todos llevamos dentro, para ser capaces de renovarnos continuamente, de maravillarnos, y de conservar esa frescura en nuestra vida.

Compartir los deseos de nuestro principito solo con las personas que hayan sabido apreciarlo a lo largo del tiempo igual que nosotros. A fin de no sufrir más decepciones por la facilidad con que podrían recibirnos con una actitud cínica.

No juzgar con excesiva dureza a esos aguafiestas, esas personas demasiado serias, demasiado henchidas de sus conocimientos y de su soberbia, pues al final son ellas quienes han perdido lo más preciado que tenían en el camino de la vida. Al haber dado la espalda a su principito, han renunciado a la alegría de vivir.

Ser capaces de volvernos accesibles para ellos y estimularlos quizá, mediante nuestras sonrisas y nuestros sueños, a volver a conectar con la vocecita de ese niño enterrado tan profundamente en su interior, cuyos suspiros han dejado de oír.

No convertirse jamás en uno de esos aguafiestas, ya que no son solo los deseos y los sueños de los demás los que condenamos, sino también la magia que nos ofrece el principito al que matamos.

Podemos adaptarnos, pero no debemos traicionar jamás al niño que llevamos dentro.

CUADERNO DE VIAJE

*«Volverte accesible a los demás
es estar a la altura de ti mismo».*

Y MI PRINCIPITO ME DICE:

«El hombre es un niño sabio,
el niño es un hombre sabio».

¿CREAR LAZOS?

COMO EL PRINCIPITO

«Es una cosa demasiado olvidada, dijo el zorro.
Significa crear lazos...».

Si hay un hilo conductor entre la infancia y la edad adulta es el sentimiento de soledad. Ese sentimiento puede ser real, o experimentarse incluso en compañía de otros más adelante.

A lo largo de todo el libro, el principito busca amigos, pero sobre todo personas con las que pueda entenderse y que se parezcan a él.

No es el bebedor, ni el hombre de negocios... Pero él continúa con su búsqueda, tratando de encontrar un amigo con el que pueda compartir su vida.

El zorro lo introducirá en el hecho de domesticar al otro, de acercarse paso a paso, de crear ese vínculo con cada instante compartido.

Es asombroso ver la rapidez con que los niños, cuando no se conocen, espontáneamente se ponen en contacto para iniciar una relación, y aprender a conocerse a través de pequeños detalles.

Todo el mundo ha visto o sabe de esa situación de una comida entre amigos, en la que sus hijos no se conocían de antes y se les mete en una misma habitación después de comer para que jueguen. Al principio se muestran muy tímidos los unos con los otros... ¡Durante un cuarto de hora como mucho! Y en el momento de despedirse, al final de la visita, no hay quien los separe.

Es la magia de la infancia, que no conoce códigos ni barreras, y que osa dar el primer paso para domesticarse mutuamente en unos instantes.

De adultos, debemos admitirlo, con todas las barreras, las protecciones, los protocolos y la imagen social que hemos levantado tanto para protegernos como para sentirnos mejor con la persona que hemos construido... Es mucho más complicado, si se mete a tres adultos que no se conocen en una habitación, hacer que contacten entre sí en unos instantes para compartir con sinceridad, para abrirse sin miedo, y reír con los otros dos sin fingimiento. Cortesía y charla superficial, no cabe esperar más.

Es una pena, realmente es una pena haber perdido así toda espontaneidad, la facilidad de acercarse al otro para crear lazos sinceros..., cuando todos teníamos tanta facilidad para hacerlo de pequeños.

¿Qué nos pasó?

¿Cómo, año tras año, nos hemos ido encerrando todos en nuestro pequeño mundo, en nuestra pequeña vida, para acabar entreabriendo la puerta de nuestro universo a lo desconocido solo cuando se cumplen todos los requisitos, cuando se tienen todas las garantías?

Ahora muchos, casi todos, estamos solos, muy solos en la vida.

Y, sin embargo, ese principito no deja de llamar a la puerta de nuestro espíritu en cuanto se le presenta la ocasión, para decirnos: «¡Pero ve a verla!».

«¡Ve a verla, por Dios! ¿Qué estás esperando?».

¿Es miedo? ¿Vergüenza? ¿Te sientes impotente, desvalido?

¿Cómo proceder en ese momento?

Da la impresión de que al hacernos mayores hemos perdido lo que era la esencia misma de la razón de la existencia del ser humano: su capacidad de intercambiar, de conectar, en unos instantes, como cuando lo hacíamos tan fácilmente de niños en el patio de recreo.

¿Y si... en una próxima invitación, en una próxima salida a un bar, probamos esa experiencia infantil? Es decir, mantenerse abierto a cualquier encuentro, a cualquier conversación, y acercarse uno mismo al otro, atreverse a un primer acercamiento. Sí, eso requiere ir más allá de uno mismo, vencer ciertas inhibiciones que hemos mantenido..., a menudo por miedo. Miedo a ser rechazados, miedo a desnudarse... Pero ¿cómo crear lazos sin correr un mínimo riesgo, sin confiar en el otro como en uno mismo para entablar un primer diálogo, para provocar un nuevo encuentro?

No es más que un juego infantil, no debemos olvidarlo nunca, un juego infantil del que, como esos niños a los que metían en una habitación para que se conocieran, para jugar, podemos volver a salir riendo, felices, alegres, hasta el punto de no querer despedirnos y desear volver a ver a esa persona, para crear lazos, como el zorro y el principito, que se volverán inquebrantables.

CUADERNO DE VIAJE

«Los lazos que creamos son la razón
de ser de nuestra vida».

Y MI PRINCIPITO ME DICE:

«Todo hombre es el eslabón que falta
entre la Tierra y el cielo,
entre todas las personas».

¿TOMARTE TIEMPO PARA VIVIR?

COMO EL PRINCIPITO

Ociosidad, despreocupación, juegos... Durante la infancia, el tiempo apenas existe cuando te diviertes, cuando te tomas todo el tiempo necesario para hacer lo que te gusta hacer.

Acuérdate de cuando era la hora de cenar y estabas en medio de la historia que habías creado con los juguetes en tu cuarto... Y desde la cocina te llamaban sin cesar para que fueras a comer. Unos minutos más y habrías podido terminar la puesta en escena y el héroe habría podido entrar en el castillo.

Pero te volvían a llamar, había que obedecer y entrar en el tiempo concedido por los mayores para la cena, que no podía esperar ni un solo minuto más.

Tomarse tiempo para vivir es el privilegio natural de los niños. En la edad adulta, tras haber sufrido todo tipo de condicionamientos, el tiempo se convierte en un artículo que debe ser útil, rentable, productivo.

Todos los adultos comienzan entonces a soportar ese tiempo que han creado ellos mismos, hasta convertirse en sus esclavos, antes de acabar siendo sus prisioneros.

Extraña invención la de esa píldora que calma la sed para «ahorrar» tiempo... No más extraña en realidad que numerosos inventos, artilugios y aplicaciones que tenemos en nuestro *smartphone*, y cuyo único objetivo, como el de la píldora, es «ahorrar» tiempo, economizar minutos... que pueden llenarse así con otras actividades... hasta el infinito de minutos y segundos que se pueden llegar a fraccionar para que se vuelvan aún más productivos.

Comprimimos el tiempo, comprimimos nuestras semanas, nuestros calendarios, y llenamos la jornada en una carrera de hiperactividad que... Pero al final ¿de qué sirve esa carrera? ¿Qué oculta ese frenesí? ¿Para acabar no tomándonos un solo instante para nosotros mismos, nuestros amigos, nuestro disfrute personal?

Tomarte tiempo para vivir es una noción que se vuelve completamente ajena en la edad adulta, incluso en vacaciones —y es el colmo—, cuando «debemos» llenar también esos días de reposo y relajación con una visita de exploración tras unos estiramientos al amanecer (no hay que olvidar poner el despertador), para almorzar rápidamente a mediodía mientras hacemos fila a pleno sol como endivias en el huerto, para vislumbrar una imagen minúscula en el techo de la Capilla Sixtina, delante de la que no te puedes parar siquiera un instante, porque la multitud te empuja desde atrás... Después de eso, seguimos acumulando, nos atiborramos con un paseo por aquí, una excursión por allá, antes del taller de alfarería y la clase de salsa...

Aprovechar el tiempo, hay que aprovecharlo, absolutamente...

Pero no podemos aprovechar nada cuando no hacemos más que saltar de una cosa a otra sin placer alguno para realizar múltiples actividades y llenar nuestra vida, que está ya a punto de explotar.

Acuérdate del periodo de confinamiento a causa del virus... De la angustia y la ociosidad de los primeros días, cuando era imposible hacer la mitad de las cosas que hacíamos antes...

Tras los primeros días tomando siestas, todos intentamos llenar el tiempo con algo de cocina, algo de limpieza primaveral, ordenando, jugando con los niños, pero al cabo de unos días, una vez hecha la limpieza hasta de los enchufes y tras habernos dado un atracón de series de televisión y de haber hecho la ronda de todas las «tareas» posibles, ¿qué ocurrió? Algunos empezaron a deprimirse, mientras que otros se pusieron a leer, pero de una manera u otra, nos vimos forzados, obligados a aceptarlo. Para vivir de la mejor forma posible durante los dos meses de encierro, y no sufrirlos igual que sufríamos nuestras atiborradas agendas de antes, tuvimos que aceptarlo, y de nuevo, día a día, tomarnos el tiempo para hacer cada cosa con tranquilidad.

Extrañamente, a pesar de todas las catástrofes que provocaron el virus y el confinamiento, también nos obligaron a tomarnos otra vez el tiempo para vivir, y quizá en algunos casos para redescubrir a la pareja, a los hijos o las pasiones dejadas atrás a falta de... tiempo.

En el espacio de dos meses, en cierta manera volvimos a convertirnos en niños, con una noción del tiempo para las comidas y las actividades que no depende más que de nuestro capricho, sin más exigencias.

Recuperamos el poder de hacer lo que queremos cuando queremos, recuperamos simplemente el tiempo para vivir... ¿Quizá sería necesario no olvidarlo en el futuro?

¿No vale más la pena darse un paseo para deleitarse con el agua fresca de una fuente, como el principito, en lugar de privarse del placer de beber?

¿Y si, a partir de ahora, conserváramos en la memoria ese periodo de confinamiento para volver a sumergirnos en él de vez en cuando, para que mañana la tiranía del «tiempo productivo» no siga dirigiendo nuestra vida?

CUADERNO DE VIAJE

*«El tiempo no es más que
lo que yo hago con él».*

Y MI PRINCIPITO ME DICE:

«En la vida hay una trampa que debes evitar:
vivir deprisa para morir deprisa».

¿LIBERARTE DEL JUICIO DE LOS DEMÁS?

COMO EL PRINCIPITO

«¿Y por qué soy feo?».

Pregunta filosófica fundamental que yo me planteaba, pegado a la reja del patio en casa de mis padres, cuando apenas tenía cuatro años y por el callejón de abajo un grupo de chicos pasaba regularmente, yendo a no sé dónde, para decirme: «¡Mira que eres feo!» y reírse de mí.

Crueldad extrema de quienes iban de camino a la edad adulta, incomprensión del niño. Yo sacudía la reja con rabia, gritando como un becerro a quien quisiera escucharme: «¿Y por qué soy feo?».

Juicio arbitrario, juicio de mayores, necedad repentina que se desarrollaba a la misma velocidad con que crecían sus piernas. Yo no comprendía por qué me atacaban así, por qué me juzgaban a mí, que no levantaba dos palmos del suelo, cuando no hacía más que ver el mundo moviéndose al otro lado de la reja, ese mundo al que yo quería descender, y cuyo ejemplo quería seguir, mientras chupaba los travesaños de plástico de la reja.

Sufrir el juicio de los demás, ese espejo resonante distorsionado que nos persigue desde la más tierna infancia hasta las profundas arrugas de la vejez. Imposible escapar de él... Digas lo que digas, hagas lo que hagas, las miradas abrumadoras caen, como cuchillas de la suficiencia, cada vez que asomamos un dedo del pie fuera de las líneas trazadas. Incluso en ese sencillo ejemplo de la infancia, incluso cuando no se tiene aún ninguna influencia, cuando no se ha dicho nada, no se ha hecho nada, cuando apenas acabamos de aprender a mover los dedos de los pies.

El juicio de los demás... Existe, gobierna, está..., siempre que se reconozca su importancia, incluso su existencia.

¿Es necesario juzgar a los demás, condenarlos, incluso a muerte como se le pide al principito? ¿De qué habría servido? Si no es más que por unas migajas de reconocimiento, para obtener un puesto junto a ese rey que no era rey más que en el reflejo de su soberbia.

¿Qué hace entonces el principito, cuando el rey llega a pedirle que se juzgue a sí mismo?

El principito adopta la misma postura ante ambos ofrecimientos: hace caso omiso del poder del rey. Ese poder que quiere obligarlo a quedarse en un planeta vacío, ese poder que quiere corromperlo, ese poder que le ofrece un puesto juzgando a los demás, ese poder que llegó a querer obligarlo a cuestionarse a sí mismo, a juzgarse a sí mismo, allí mismo, en un planeta minúsculo... Ese poder...

El principito deja atrás ese poder por lo que es, por donde está, solo, sin influencia sobre él, ni ninguna otra cosa. Es así como el principito se libera del juicio de ese rey, del juicio de los demás, de la rata que no tenía nada que ver con él, ignorando la existencia misma de ese poder.

Con frecuencia somos bastante duros con nosotros mismos, con los retos que nos imponemos, con los errores que cometemos. Sí, todos nosotros somos ya lo bastante duros con nosotros mismos, como para que encima tengamos que soportar el juicio de los demás, para que tenga que seguir preguntándome aún hoy si soy o no feo.

Liberarte de la mirada de los demás es borrar de un plumazo ese pseudopoder que querría gobernar nuestra existencia, cuando todos tenemos perspicacia más que suficiente para juzgar nuestros actos con pleno conocimiento.

CUADERNO DE VIAJE

«Otorgar poder a los demás
es ponerse a su merced».

Y MI PRINCIPITO ME DICE:

«Quien no juzga jamás,
es libre de ser».

¿NO BUSCAR MÁS, SINO ENCONTRAR?

COMO EL PRINCIPITO

*H*ay una cosa que me ha impresionado siempre de los niños, quizá la recuerdes. Cuando juegan juntos e inventan historias con sus figuritas y sus muñecos, si hace falta un accesorio para la historia, como un caballero que ha de llegar a caballo, pero no tienen ningún caballo a mano, ¿sabes lo que hacen? ¿No? Sí, claro, tú también lo has hecho: ¡reinventan la historia!

Para ellos es bastante obvio: ¿no hay caballo? ¡Pues hacemos otra cosa!

¡Nada de interrumpir una historia tan bonita por un mísero caballo! El caballero llegará en barco por el río que acaban de imaginarse al instante, zigzagueando entre dos cojines que hacen de montañas.

No es solo un juego infantil, ni mucho menos. En realidad, es una fuerza enorme, ya que se han adaptado a los recursos disponibles, no se han pasado horas buscando un caballo, diciéndose que sin él la historia sería imposible, simplemente han encontrado una solución para que la historia prosiga y llegue a su fin.

Si trasladamos esta mecánica al mundo de los adultos, ¿qué ocurre cuando para un proyecto, tanto personal como profesional, nos falta una pieza del rompecabezas? A veces tenemos la impresión de que todo se detiene, de que ese pequeño elemento es la clave imprescindible para la culminación del proyecto. Nos centramos entonces en encontrar la pieza que falta, aunque no exista, aunque al final no sea por fuerza necesaria, olvidando al mismo tiempo la finalidad y el proyecto en sí mismo.

La piedra en el zapato se convierte en el objetivo. Eso me hace pensar siempre en esos robots que arremeten contra una pared, se golpean, retroceden dos metros y arremeten de nuevo sin darse cuenta de que, a diez centímetros, a un lado de la pared, tienen una abertura.

El principito tiene toda la razón: cuando no se sabe lo que se busca, cuando se ha perdido el hilo de la historia para los niños, la finalidad del proyecto para los adultos, se acaba caminando en círculos.

Así pues, nuestra visión de adultos, tan razonable y razonada, no logra sacarnos de la rutina, ni del círculo infernal de nuestros pensamientos que dan vueltas y más vueltas sin saber dónde buscar y a quién buscar, y mucho menos encontrarlo.

Los niños tienen tanta facilidad para sortear las dificultades de sus historias y llevarlas hasta el final... ¿Cómo lo hacen? Es muy sencillo, están abiertos a todas las opciones, a todas las posibilidades, en una palabra: son creativos.

Cuando las cosas no se desarrollan como ellos quieren, no buscan un accesorio con los ojos, sino una solución con el corazón, pues es el corazón el que les sirve como motor para la narración de su cuento. El suyo no es un proceso creativo razonado, es un proceso creativo natural, porque para ellos lo esencial sigue siendo responder a las necesidades de la historia sin importar el cómo.

Acuérdate de esos ecos que resonaban en tu habitación...

«Sí, pero habíamos dicho que iba a matar al malo con el hacha».

«¡Sí, pero en realidad fue alumno de un gran mago, así que sabe lanzar bolas de fuego! ¡Mira, así!».

«¡Ah, sí! ¡Genial! Así podrá matarlo de todas formas...».

A veces es tan conmovedor constatar los poderes infinitos de los niños, de lo que fuimos, y de lo que perdimos al hacernos mayores. Creyendo compensar la imaginación y la creatividad con el conocimiento, a menudo nos damos cuenta de que a lo largo de toda nuestra existencia nos falta una pieza para cada proyecto. ¿Quizá sea hora ya de retomar la magia creadora del niño que antes fuimos?

Encontrar la solución a un problema, encontrar aquello para lo que estás hecho, encontrarte a ti mismo... No buscar más, sino encontrar.

No buscar ya con la razón, sino encontrar con el corazón, sin seguir una lógica sino lo que sientes, lo que experimentas.

Es ciertamente una de las lecciones más hermosas que nos susurra al oído el principito que todos llevamos en nuestro interior, cuando como dice él: «Solo los niños saben lo que buscan».[4]

Depende de nosotros escucharlo, depende de nosotros oírlo.

CUADERNO DE VIAJE

«Buscar no es una misión, porque encontrar es el único objetivo».

4. Capítulo XXII.

Y MI PRINCIPITO ME DICE:

«Rara vez he encontrado lo que buscaba en el lugar donde lo buscaba».

¿LIBRE?

COMO EL PRINCIPITO

«Y por la noche me gusta oír las estrellas.
Son como quinientos millones de cascabeles...».

*V*ivir en una burbuja de libertad es típico de la
infancia. Es un sentimiento que no se piensa,
se vive. Los niños no son conscientes de la libertad, la
viven sin tan siquiera saber aún darle nombre.

Cuando eres pequeño, aunque tengas consciencia
de que el entorno familiar y escolar está determinado
y regido por normas, no las percibes como restricciones a tu libertad de vivir, sino como reglas que debes
seguir (¡más o menos!).

De niños, igual que el principito, vivimos libre-
mente sin pensar en ello. Libres para hacer lo que
queramos, libres para jugar, dormir, soñar y meternos
en nuestros mundos imaginarios, libres de decir que
no, de no escuchar, de no prestar atención cuando no
queremos. Libres de concebir cualquier cosa, de hacer cualquier cosa cuando queramos, sin que importe
dónde, ni con quién.

Pensando en nuestra vida, ¿cuántos de nosotros
podemos afirmar que hemos sabido conservar semejante horizonte de libertad? Te veo sacudir la cabeza,
adulto. Pocos dirán que sí, pocos somos los que no nos

encontramos encadenados por numerosas obligaciones e imposibilidades establecidas con el transcurso del tiempo, de manera voluntaria o involuntaria.

Como dice el zorro al principito: «Eres responsable para siempre de lo que has domesticado. Eres responsable de tu rosa...».[5] Volvernos responsables a medida que nos hacemos mayores forma parte de los elementos necesarios para nuestra vida, pero conlleva cierto retroceso en el campo de nuestras libertades. Nos volvemos algo dependientes y, por tanto, un poco menos libres, pero no es un aspecto negativo para nuestra existencia. Esas responsabilidades establecidas con respecto a nuestros hijos, nuestra pareja, nuestra familia, nuestros amigos, son dependencias benéficas para nuestra vida, un poco como las reglas familiares y escolares que deben cumplir los niños.

Esas reglas no impiden a los niños ser libres en modo alguno. Al igual que ellos, las obligaciones elegidas que construyen nuestra vida no deben hacernos

5. Capítulo XXI.

sentir nunca encarcelados, de lo contrario es hora de cuestionar esas obligaciones y dependencias.

El valor de la libertad para el principito se manifiesta también en su negativa a atar a su cordero a una estaca en su planeta. Ni siquiera comprende qué utilidad tiene. Rechaza todo encarcelamiento, toda privación de libertad.

Además, ¿a quién le ha pedido permiso el principito para emprender su viaje, su búsqueda, de planeta en planeta? A nadie. Sea un viaje real o imaginario, ha partido con total libertad para descubrir nuevas estrellas y habitantes de otros planetas.

¿A quién debemos realmente rendir cuentas de manera sistemática de nuestros actos como adultos? A pocas personas. Pero los hay a veces que ocupan un lugar tal en nuestra vida, que acaban volviéndose intrusivos, hasta llegar incluso en ocasiones a dictar nuestros menores actos y gestos. Es el momento en que desaparece toda libertad de ser o de actuar. Es el toque de atención antes de partir.

Ser libre, como siente por momentos el principito con amargura a lo largo de su periplo, a veces también significa estar solo. Por eso busca amigos, no para encadenarse, sino para elegir las condiciones de su libertad, una libertad que se volverá así compartida.

Todos poseemos un jardín secreto, como los niños poseen un mundo imaginario, sin fronteras, en el que se sienten libres. De nosotros únicamente depende ampliar los límites de ese jardín secreto a fin de acoger en él a las personas con las que hayamos decidido compartirlo, aquellas a las que hayamos decidido domesticar, a las que dejaremos entrar para cultivar con ellas nuestra libertad de vivir.

CUADERNO DE VIAJE

«Ser libre es elegir. Elegir tu dependencia, elegir domesticar, elegir tu forma de ser libre».

Y MI PRINCIPITO ME DICE:

«Nadie es libre,
pero nadie querría
serlo en realidad».

¿ACEPTAR SER INCOMPRENDIDO?

COMO EL PRINCIPITO

«Es triste olvidar a un amigo.
No todos han tenido un amigo».

«No se puede complacer a todo el mundo...», nos repite el dicho. Pero a menudo no se trata tanto de complacer como de ser comprendido.

En este pasaje, es el narrador, el aviador que habla, quien toma consciencia del sueño que le robaron en alguna parte siendo niño, para lograr luego una vida que le ha satisfecho, pero que, al cruzarse con muchas otras personas a las que tuvo que adaptarse con sus palabras, sus proyectos, sus deseos, le ha dejado el regusto amargo del niño que fue y que jamás ha sido comprendido a través de sus dibujos y su imaginación.

En la edad adulta, cuando una parte de nosotros mismos sigue viviendo en la dulzura de los sueños y la imaginación de la infancia, nos encontramos a menudo rodeados por aguafiestas, cuando tenemos una idea o un proyecto que escapa a la sensibilidad o la comprensión de las personas a las que se les explica. Todo cambia y nada cambia en este ámbito, malos tiempos para los soñadores.

Sin embargo, una cosa debemos recordar de ese niño: aceptar que no nos comprendan, igual que hace él, cuando el público no es el adecuado, fingir y guardarnos para nosotros mismos nuestra parte de niño y sus sueños.

Aceptar ser incomprendidos significa no ponerse furioso al oír las críticas, no ceder al eco de las burlas, no doblegarse bajo el peso de los dictados que son la guía tanto de lo aceptable como del buen funcionamiento de las cosas.

Aceptar ser incomprendidos es aceptar que no debemos escuchar a nadie más que a nosotros mismos, nuestra voluntad, nuestros anhelos. Es permitirnos soñar, hacernos sonreír.

No sirve de nada extender la mano para que te la golpeen, tratando de convencer de tu buena fe a un público huraño.

Me viene a la cabeza un pequeño dicho que se adapta a este tema: «Una persona puede no comprenderte mil veces, mil personas pueden no comprenderte una vez, pero es inútil que mil personas no te comprendan mil veces».

Aceptar ser incomprendido permite desarmar a los que rompen tus sueños. Incluso con la mejor voluntad del mundo, siempre hay que ser consciente de que no podrás jamás convencer a todo el mundo, que te comprenda y te siga.

Al final, aceptar ser incomprendido es permitirte a ti mismo llevar a cabo tus sueños, proyectos y deseos sin necesidad de esconderte, ni de callar, ni de agachar la cabeza ante los censores, que a menudo no tienen más punto en común que el de no tener sueños.

Por mi parte, sea cual sea el ámbito, jamás he oído a un emprendedor, un artista, un inventor mofarse o sabotear con sus conocimientos el proyecto de otro creador, aunque no fuera de su campo. Los soñadores escuchan y ayudan a los soñadores, porque conocen la dificultad de asumir y de trabajar en lo que parece imposible, y conocen el precio de aceptar ser incomprendidos.

Sé como esos soñadores, como esos incomprendidos, pues es tu sol el que vas a moldear.

CUADERNO DE VIAJE

«No renegar jamás del niño que fuiste es seguir viviendo en su compañía».

Y MI PRINCIPITO ME DICE:

«Busco un punto de vista ideal,
donde otros no ven más que un puño en alto».

¿VER MÁS ALLÁ DE LO REAL?
¿VER LO INVISIBLE?

COMO EL PRINCIPITO

La magia. De niños, la magia era nuestra única verdad, nuestra única religión. Todo era mágico y la fe que teníamos en ese poder nos permitía creer en todo, ver más allá del mundo real, muy lejos del de los adultos.

Entonces no había nada imposible en nuestro universo, cuando la fe que depositábamos en esa magia que nos rodeaba nos permitía ver más allá de este mundo, percibir lo invisible y aumentarlo con nuestros deseos.

Éramos niños, éramos mágicos, y aun con la nariz entre las estrellas, sabíamos ver los tesoros de un planeta apuntándolo con el dedo, esperando un día descubrirlos. Sabíamos que más allá del horizonte, el océano ocultaba nuestra isla, una isla en la que había un tesoro escondido esperando ser descubierto.

Es la parte invisible de las cosas lo que las hace atractivas. En cuanto a la superficie y lo visible, incumben solo al mundo de los adultos.

Adultos que cuentan, que numeran, que miden. Una superficie palpable, mesurable, identificable, de lo más cómoda y tranquilizadora.

Pero ¿nos hace felices ese aspecto superficial de las cosas, de las personas, del mundo que nos rodea, cuando no se espera nada más, cuando no hay nada más por descubrir que lo que se extiende a la vista de todos?

Todos lo hemos constatado en un momento dado, por muy idílico que fuera el paisaje, si no hay nada que lo trascienda, invisible a los ojos, no es más que una postal de la que te cansas enseguida. Una postal que se guarda, que se olvida, esperando frenéticamente la siguiente, sin estar seguros de que llegue a convertirse en un recuerdo.

Esto es también válido para las personas cuya silueta no tiene que envidiar al vacío inconmensurable tanto de su intelecto como de su alma, porque su cuerpo perfecto no es más que un envase.

En todo hay una búsqueda, en todo hay un tesoro, un descubrimiento, y es ahí donde reside el auténtico valor, la parte mágica de cada cosa. Negarse a imaginarlo, a vislumbrarlo, decidir limitarse a una mirada fría y cartesiana no lleva más que a la tristeza y el desánimo en nuestra vida y en el mundo que nos rodea.

Tratar de ver más allá de lo real, del aspecto de las personas y de nuestra realidad, es darse la posibilidad de descubrir y de seguir maravillándose con todo. Es repetirse sin cesar, con una loca esperanza: «Y si... Y si... Y si...».

Y a partir de esas preguntas, de esas posibilidades en ciernes, dejar que florezca en nuestro rostro la sonrisa infantil que toca con el dedo el otro lado del espejo, la otra vertiente de lo posible.

¿Tan apasionante es realmente nuestra vida como para permitirnos no tener en cuenta esa parte de misterio, de irrealidad y de imaginación que nos ofrece el niño que dormita aún en nuestro interior? Espero que sea así, pero imagina entonces las maravillas que te esperan si, una vez más, al reencontrar la mirada infantil, aceptas que la imaginación y la magia entren en tu vida con los brazos abiertos...

No es bueno envejecer, no, no es nada bueno envejecer cuando por el camino ocurre con tanta frecuencia que no sabemos ver más allá de lo real la magia del mundo en acción. Como dice el aviador a propósito del principito: «Mi amigo jamás daba explicaciones. Quizá me creía semejante a él. Pero yo, desgraciadamente, no sé ver corderos a través de las cajas. Soy quizá un poco como las personas grandes. Debo de haber envejecido».[6]

Ser capaz de ver todavía al cordero a través de la caja es justamente lo que nos ofrece y promete el principito, para darle a nuestra vida ese toque de pura magia.

Cerca de la puerta principal salta a la vista una caja de zapatos... Al mirarla... Me ha parecido oír un balido.

CUADERNO DE VIAJE

«La magia es el sabor de nuestra vida,
el auténtico color del mundo».

6. Capítulo IV.

Y MI PRINCIPITO ME DICE:

«Separar lo real
de lo imaginario solo es útil
si estás seguro de vivir en la realidad».

¿SABER JUZGAR SEGÚN OTROS CRITERIOS?

COMO EL PRINCIPITO

Resultaba muy fácil crear lazos espontáneamente cuando éramos niños, como recordaba en un capítulo anterior.

Unos segundos de timidez antes de entablar un intercambio fluido y risueño, sin tener en cuenta ningún criterio aparente.

Al convertirnos en adultos, por una parte hemos perdido esa facilidad, pero, además, hemos añadido toda una serie de criterios de evaluación que no ha dejado de crecer a lo largo de los años.

El principito tiene toda la razón al señalar con el dedo esa percepción cuantitativa del mundo de los adultos, que a menudo ya no concibe las cosas, la belleza y las personas más que desde un punto de vista cuantificable, medible, racional y negociable.

¿Esta persona es rentable?

¿Este cuadro es una obra de arte que nos fascina por sus colores? ¿O nuestra manera de percibir su belleza viene determinada únicamente por la cotización que le otorgan los marchantes de arte? Gran pregunta teniendo en cuenta el desfile de aberraciones visuales que nos vende el arte moderno como bellezas magistrales.

Sería curioso observar el valor otorgado por el público a numerosas obras sin conocer su autor ni su precio. Una verdad prohibida.

Así es como juzgamos los adultos y a veces evaluamos muchas cosas y a muchas personas. Eso hace que nos sintamos mejor en nuestras relaciones, nuestra carrera, nuestro círculo íntimo.

A primera vista, dependiendo de la actitud, la vestimenta, los signos externos de pobreza o riqueza de una persona, las llaves de su coche, el color de su tarjeta de crédito, nos formamos ya una imagen, una opinión sobre ella. Sabemos, «gracias» a esa tabla de criterios que hemos desarrollado hábilmente a partir de nuestras experiencias y nuestros encuentros, si esa persona se corresponde con las que solemos frecuentar, si somos del mismo medio social o profesional.

Antes incluso de pensar en crear un vínculo con esa persona, en intentar un encuentro, los automatismos toman la iniciativa, empujándonos a dar un paso más, o prohibiéndonos darlo.

Admito que a veces es muy útil, y no podemos actuar y evolucionar en nuestra sociedad como un risueño recién nacido que chapotea en su baño de ingenuidad.

No obstante, la invitación del principito a saber juzgar siguiendo otros criterios puede resultarnos realmente útil.

En efecto, y cualquiera puede darse cuenta de ello, con nuestra tabla de criterios bajo el brazo, que se afinan con cada nueva experiencia, ¿cómo dejar lugar al cabo de cierto tiempo al asombro y la novedad? Ahí está el límite de ese sistema desarrollado por los adultos: acabamos por encerrarnos en nosotros mismos en un universo perfectamente definido en términos de comodidad, de comportamiento, de valores compartidos. Los códigos están fijados, nada nuevo tiene acceso, excepto lo que conocemos, lo que nos satisface, pero que acaba por encerrarnos en una burbuja de aburrimiento.

Todos tenemos sed de asombrarnos, de descubrimientos, todos somos buscadores de oro. Pero ¿cómo podemos seguir encontrando pepitas de oro en el fangoso interior de la arena, si la rejilla del cedazo ya no deja pasar nada?

¿Aceptar otros valores, aparte de los que hemos cultivado, cuando conocemos a alguien? ¿Por qué no? Al final no exige demasiado esfuerzo, solo seguir abierto a lo desconocido con curiosidad, para encontrar quizá, con enorme asombro, una nueva pepita de felicidad.

El dinero se ha convertido hoy en día en el valor supremo capaz de evaluarlo casi todo, pero no hay que perder de vista jamás que el dinero no es más que un barómetro de lo visible, de lo efímero, no de una auténtica riqueza.

Pavonearse con ostentación para «parecerse a» ¿te hace más feliz?

Considerar el estilo ostentoso como opinión determinante, sin tener en cuenta ninguna otra posibilidad, ¿te hace más feliz?

«Solo se ve bien con el corazón. Lo esencial es invisible a los ojos», nos repite el zorro. Es el secreto que transmite al principito, y que él nos ofrece a su vez.

Puede que a partir de mañana debamos cuestionar algunas de nuestras certezas, nuestras opiniones, nuestros juicios arbitrarios y nuestras ideas preconcebidas, para salir un poco de nuestra burbuja de «verdad» y poder maravillarnos todavía con las sorpresas que se pueden recoger a lo largo del camino, como si fueran golosinas.

CUADERNO DE VIAJE

«Los baremos con los que juzgamos no son más que rejas que nos encierran».

Y MI PRINCIPITO ME DICE:

«El oro no brilla jamás
en el fondo de una mina de sal».

¿CREER Y MANTENER LA ESPERANZA?

COMO EL PRINCIPITO

«Es tan misterioso el país de las lágrimas».

*B*ueno, ¿qué te parece? ¿Las estrellas se iluminan para que todos puedan encontrar un día la suya propia?

Toda la esperanza del mundo descansa en esa frase. Es toda la fe que se puede tener en la vida, cuando los muros se cierran para acabar ocultando incluso el brillo de las estrellas.

Cuando yo tenía cinco años, aquejado de una grave enfermedad cuyo final parecía bastante pesimista para pensar en un futuro, pasé semanas postrado en una cama de hospital, sin poder moverme. Evitaré aquí hablar de las numerosas y aciagas evoluciones que provocó esa enfermedad en aquel momento, para no guardar más que un recuerdo.

Era una enfermedad rara, desconocida, sin tratamiento posible, por lo que tuvieron que esperar a ver de qué lado se decantaba. Un día, mi abuela volvió de Lourdes y trajo al hospital una cantimplora con agua bendita. La cantimplora tenía forma de corazón y mi abuela me dijo que si bebía un sorbo de esa agua cada día, me curaría.

Eso fue lo que hice. Un sorbo cada día, porque la cantimplora no era muy grande y el nivel iba bajando.

Pero con cada trago del agua, estaba seguro de curarme, tanto por el poder de la cantimplora como por el del agua. Hablo de ambas cosas porque, al cabo de unos días, me di cuenta de que habían rellenado la cantimplora a escondidas. No dije nada, no importaba, pues una vez que el agua estaba dentro de la cantimplora, se convertía en mágica a su vez y me curaba. Estaba convencido. El poder de la infancia...

Si me encuentro hoy en pie entre estas líneas, delante de ti, es también por esa razón.

Por creer, creer que me iba a curar, mantener la fe, en todo, sin importar en qué, hasta que la magia actuó.

La cantimplora fue en aquella época infantil mi estrella radiante. Una estrella que me prometía que un día saldría de entre aquellas cuatro paredes. Y así fue.

Creer es una fuerza poderosa que va más allá de la religión. El principito cree en su estrella, cree que todos poseemos la nuestra.

¿Estamos nosotros también íntimamente convencidos de que debemos encontrar esa estrella o confiar en ella desde los primeros pasos que damos hacia la edad adulta?

Algunos sí, para otros la estrella ha desaparecido. Por no creer en ella. Y, sin embargo, todos los grandes personajes que dejaron huella en su época, fuera cual fuere su campo, aludieron en un momento u otro a esa fe profunda, esa creencia que tenían en ellos mismos, en la vida, en un dios. Poco importa en qué se tenga fe, aunque sea una cantimplora, solo cuenta la fe inquebrantable para continuar, incluso en las peores situaciones.

Y si... Ya te imaginas lo que voy a decir...

Quizá entre los que me están leyendo tú seas uno de los que ha perdido la esperanza... Quizá sea hora de levantar la cabeza y de buscar tu estrella.

¿Y si te dejaras llevar por esa fuerza que poseías de niño, pero que tal vez hayas acallado? ¿Qué puedes perder volviendo a creer que todo es posible? ¿Quién puede atreverse a impedirte creer?

En ti. En la vida. En esa promesa de algo mejor. ¿Qué dogma, prohibición o precepto puede cruzarse en tu camino? Ninguno.

Solo depende de ti, de tus ganas, tu valor y tu brillante estrella. Solo depende de ti y de tu fe en poder alcanzarla.

Mirar el cielo es mirar hacia dentro para encontrar en tu interior el niño aferrado aún a su estrella.

CUADERNO DE VIAJE

«Ocurra lo que ocurra, es siempre lo mejor para nosotros. Ocurra lo que ocurra, siempre hay una estrella».

Y MI PRINCIPITO ME DICE:

*«Todavía me aferro
a esa estrella,
a esa loca esperanza de un día
convertirme en otra persona».*

SABER PARTIR... DEJAR PARTIR, Y NO ESTAR SOLO NUNCA MÁS

COMO EL PRINCIPITO

Saber partir, aunque nos resulte un hecho desgarrador, saber partir cuando ha llegado la hora de continuar con tu camino en la vida, como lo hizo el principito.

A menudo partir no es una decisión, sino una necesidad de esa vida que nos empuja en una dirección, sin que veamos con claridad el destino que nos aguarda.

Partir para continuar con tu camino es necesario, aunque exija alejarse de tus seres queridos durante un tiempo.

De nada sirve luchar contra ello, porque desde ese instante se lucha contra uno mismo. Continuar el camino no es una elección. La elección no es más que un periodo de aceptación, de asimilación de una voluntad, de una necesidad que se nos impone. Solo se puede postergar el momento de la partida, con el dolor de quedarse, con el miedo de irse, pero en realidad, cuando llega el momento, no hay elección.

Es preciso saber partir cuando llega la hora, a cualquier edad, no teniendo más motivo que el impulso que nos inspira aún, para no perder jamás en nuestra vida adulta el candor del niño que fuimos.

Igualmente, hay que saber dejar que partan cuando llegue el momento. Nuestros allegados, nuestros hijos pueden experimentar esa llamada de lo lejano, por los estudios, el trabajo, una historia de amor...

Si los queremos de verdad, incluso con los ojos llenos de lágrimas al ver cómo se alejan, es necesario dejarlos partir, porque su felicidad en la vida depende de ello. ¿Qué otra cosa podemos desear a quienes amamos? ¿Puede ofrecerse acaso un gesto de amor más bello?

La búsqueda del principito lo lleva a nuevos encuentros, nuevas experiencias, pero sobre todo a crear lazos, a hacer amigos, para no volver a sentirse solo nunca más en su planeta.

De todo hay en la viña del Señor, y de todo hay en este mundo. Pero eso no significa que debas aceptarlo todo con el pretexto de querer pertenecer al grupo y no tener más que pseudoamigos. Es así como el principito ha buscado y elegido a sus amigos, lejos del hombre de negocios y del bebedor. Es así como rodeado de sus volcanes y su flor, incluso lejos del zorro, ya no estará solo nunca más cuando mire las estrellas.

Solos, también nosotros estamos muy solos a veces en nuestro planeta. Y, sin embargo, no existen vendedores de amigos para los adultos, solo existen amistades cuyo apego y motivaciones no dependen más que de nuestra alma de niño, de lo más sincero que hay en ella, sin metas, sin competiciones, sin cálculos.

La amistad es la única relación de igualdad verdadera. Tiene un precio, el de nuestra alma de niño, el de nuestra sinceridad.

Y, como para el zorro, la separación y la distancia no pueden obstaculizar jamás la amistad, siempre y cuando conservemos el recuerdo del color del trigo.

CUADERNO DE VIAJE

«No esperes que la vida
te dé respuestas,
sino un camino por recorrer».

Y MI PRINCIPITO ME DICE:

«Y pedir un deseo para descubrir que más allá de la mirada está la visión, que la visión lleva a la verdad, y que la verdad oculta la voluntad de la vida».

Y VOLVER A SUBIR A TU NUBE

COMO EL PRINCIPITO

*E*n el preámbulo «Sobre una nube», cito la dedicatoria de Saint-Exupéry a modo de hilo conductor: «Todas las personas grandes han sido niños
antes, pero pocas lo recuerdan».

Al volver a mi nube tras haber recorrido los meandros
de las dudas y los interrogantes del principito, para volver a conectar con mi alma y mi mirada de niño, no
puedo responder a esa dedicatoria más que con un fragmento del capítulo II: «Los niños han de ser muy indulgentes con las personas grandes».

Quizá sea así como tome forma y se revele una
nueva inclinación que debemos desarrollar ahora, la
de saber escuchar, saber ser indulgentes con aquellas
y aquellos que han olvidado su alma infantil.

Y pedir un nuevo deseo, pedir el deseo de llegar a
ser grandes un día, lo bastante grandes para saber ten-
der aún la mano a ese niño que jamás ha abandonado
nuestro corazón, que jamás renuncia a sus sueños y su
ternura, ese niño que todos seguimos siendo, a pesar
del tiempo transcurrido.

Y MI PRINCIPITO ME DICE:

«Presten atención a los deseos
que conceden,
se cumplen».

Y REENCONTRAR AL PRINCIPITO
EN LO MÁS PROFUNDO
DE TI MISMO

EN EL ESPEJO, EL NIÑO, REFLEJO DE TI MISMO

«Lo más importante es invisible».

*E*l principito que llevamos en nuestro interior, ¿puede renacer en este juego de espejos?

Sí, si lo deseamos de verdad.

Sí, si lo creemos de verdad.

Quizá solo sea necesario hacerse una pregunta con total sinceridad para ver asomar su cabeza por una esquina del espejo: «¿Cuáles son los sueños y las personas más importantes de tu vida hoy?».

1 _____

2 _____

3 _____

4 _____

5 _____

6 _____

7 _____

8 _____

9 _____

10 _____

Ahora compara esos sueños con los de tu infancia, esos que anotaste en la primera página de este libro.

¿Hay similitudes, puntos comunes? ¿Se han realizado algunos sueños? ¿Otros, que siguen siendo deseos imposibles, te hacen vibrar con emoción aún hoy?

Haz una síntesis del presente y del pasado.

¿Qué te enseña de lo que has realizado, de lo que amas, de lo que aún sueñas con vivir?

Ahora, vuelve a anotar todos esos elementos en un pequeño diario personal, que será tu cuaderno de viaje, y para cada uno de esos elementos, proyectos o personas que atesoras escribe lo que haces o lo que podrías hacer para cuidarlos, para cultivarlos más a partir de ahora.

Ellos son la clave de tu felicidad, el susurro de tu propio principito.

Cree en ti mismo, cree en los sueños que te susurra tu principito al oído, todo lo que puede volver a ofrecerte.

Es posible entonces, al contemplar las estrellas, que los planetas se alineen una noche, el tuyo y el de ese principito, como por arte de magia.

BIBLIOGRAFÍA

- *Je cartonne à l'oral*, éditions de l'Opportun, 2020.

- *L'art (très) délicat des prédictions*, éditions de l'Opportun, 2020.

- *Agir et penser comme James Bond*, éditions de l'Opportun, 2020.

- *Espions, petits et grands secrets*, éditions de l'Opportun, 2020.

- *Les meilleurs slogans de manif*, First éditions, 2020.

- *Légendes à la con* (reedición ilustrada), First éditions, 2020.

- *J'ai décidé d'être libre… c'est bon pour la santé*, éditions Ideo, 2020.

- *C'était Chirac*, éditions de l'Opportun, 2019.

- *Agir et grandir comme un chat*, Albin Michel/éditions de l'Opportun, 2019.

- *Haz como el gato: ¡Él sí que sabe!*, Grijalbo, 2018.

- *J'ai décidé d'être heureux… c'est bon pour la santé*, éditions Ideo, 2019.

- *Le chat en 500 citations*, éditions de l'Opportun, 2019.

- *Karma of Cats* – varios autores, Sounds True Editions (US), 2019.

- *Péter sans se faire griller*, éditions Tut-Tut/éditions Leduc.s, 2019.

- *C'est vraiment trop con de finir comme ça!*, éditions de l'Opportun, 2019.

- *Off – Ta vie commence quand tu raccroches*, éditions de l'Opportun, 2018.

- *Agir et penser comme un chat – Cahier d'exercices*, éditions de l'Opportun, 2018.

- *Catissime*, éditions de l'Opportun, 2018.

- *#Balancetonmacho – Les Oscars de la misogynie*, éditions Tut-Tut/ éditions Leduc.s, 2018.

- *T'as pris combien? 9 mois, comme tout le monde*, éditions Tut-Tut/ éditions Leduc.s, 2018.

- *Bienvenue dans le Ch'nooord*, éditions Tut-Tut/éditions Leduc.s, 2018.

- *Super Radin*, éditions de l'Opportun, 2017.

- *Ma vie en mode feignasse*, Fergie & Stéphane Garnier, éditions de l'Opportun, 2017.

- *Comment le petit Mélenchon est devenu le plus grand!*, éditions de l'Opportun, 2017.

- *Légendes à la con*, First éditions, 2017.

- *La lutte, c'est classe!*, First éditions, 2016.

- *Perles de politiques*, First éditions, 2015.

- *Perles de people*, First éditions, 2015.

- *L'homme sans contrainte*, éditions Max Milo/Alpharès, 2014.

- *Il y a l'océan*, roman, TdB éditions, 2009.

NOTAS

NOTAS

NOTAS

NOTAS

NOTAS

NOTAS

NOTAS

NOTAS

NOTAS

NOTAS

NOTAS

Esta obra se terminó de imprimir
en el mes de agosto de 2024,
en los talleres de Litográfica Ingramex S.A. de C.V.,
Ciudad de México.